《周礼》的自然生态观

周延良 翟双萍 ◉ 著

海天出版社（中国·深圳）

图书在版编目（CIP）数据

《周礼》的自然生态观 / 周延良，翟双萍著. — 深圳 : 海天出版社，2015.7
（自然国学丛书）
ISBN 978-7-5507-1397-0

Ⅰ. ①周… Ⅱ. ①周… ②翟… Ⅲ. ①《周礼》—生态伦理学—研究 Ⅳ. ①K224.06
中国版本图书馆CIP数据核字(2015)第140101号

《周礼》的自然生态观
Zhou Li de Zi Ran Sheng Tai Guan

出 品 人　聂雄前
出版策划　尹昌龙
丛书主编　孙关龙　宋正海　刘长林
责任编辑　秦　海
责任技编　蔡梅琴
封面设计　风生水起

出版发行　海天出版社
地　　址　深圳市彩田南路海天大厦（518033）
网　　址　www.htph.com.cn
订购电话　0755—83460293(批发)　83460397(邮购)
设计制作　深圳市同舟设计制作有限公司　Tel：0755—83618288
印　　刷　深圳市新联美术印刷有限公司
版　　次　2015年7月第1版
印　　次　2015年7月第1次
开　　本　787mm×1092mm　1 / 16
印　　张　10.5
字　　数　132千
定　　价　30.00元

总 序

21世纪初，国内外出现了新一轮传统文化热。人们以从未有过的热情对待中国传统文化，出现了前所未有的国学热。世界各国也以从未有过的热情学习和研究中国传统文化，联合国设立孔子奖，各国雨后春笋般地设立孔子学院或大学中文系。显然，人们开始用新的眼光重新审视中国传统文化，认识到中国传统文化是中华民族之根，是中华民族振兴、腾飞的基础。面对近几百年以来没有过的文化热，这就要求我们加强对传统文化的研究，并从新的高度挖掘和认识中国传统文化。我们这套《自然国学》丛书就是在这样的背景下应运而生的。

自然国学是我们在国家社会科学基金项目“中国传统文化在当代科技前沿探索中如何发挥重要作用的理论研究”中提出的新研究方向。在我们组织的、坚持20余年约1000次的“天地生人学术讲座”中，有大量涉及这一课题的报告和讨论。自然国学是指国学中的科学技术及其自然观、科学观、技术观，是国学的重要组成部分。长久以来由于缺乏系统研究，以致社会上不知道国学中有自然国学这一回事；不少学者甚至提出“中国古代没有科学”的论断，认为中国人自古以来缺乏创新精神。然而，事实完全不是这样的：中国古代不但有科学，而且曾经长时期地居于世界前列，至少有甲骨文记载的商周以来至17世纪上半叶的中国古代科学技术一直居于世界前列；在公元3世纪至15世纪，中国科学技术则是独步世界，占据世界领先地位达千余年；中国古人富有创新精神，据统计，在公元前6世纪至公元1500年的2000多年中，中国的技术、工

艺发明成果约占全世界的54%；现存的古代科学技术知识文献数量，也超过世界任何一个国家。因此，自然国学研究应是21世纪中国传统文化一个重要的新的研究方向。对它的深入研究，不仅能从新的角度、新的高度认识和弘扬中国传统文化，使中国传统文化获得新的生命力，而且能从新的角度、新的高度认识和弘扬中国传统科学技术，有助于当前的科技创新，有助于走富有中国特色的科学技术现代化之路。

本套丛书是中国第一套自然国学研究丛书。其任务是：开辟自然国学研究方向；以全新角度挖掘和弘扬中国传统文化，使中国传统文化获得新的生命力；以全新角度介绍和挖掘中国古代科学技术知识，为当代科技创新和科学技术现代化提供一系列新的思维、新的“基因”。它是“一套普及型的学术研究专著”，要求“把物化在中国传统科技中的中国传统文化挖掘出来，把散落在中国传统文化中的中国传统科技整理出来”。这套丛书的特点：一是“新”，即“观念新、角度新、内容新”，要求每本书有所创新，能成一家之言；二是学术性与普及性相结合，既强调每本书“是各位专家长期学术研究的成果”，学术上要富有个性，又强调语言上要简明、生动，使普通读者爱读；三是“科技味”与“文化味”相结合，强调“紧紧围绕中国传统科技与中国传统文化交互相融”这个纲要进行写作，要求科技器物类选题着重从中国传统文化的角度进行解读，观念理论类选题注重从中国传统科技的角度进行释解。

由于是第一套《自然国学》丛书，加上我们学识不够，本套丛书肯定会存在这样或那样的不足，乃至出现这样或那样的差错。我们衷心地希望能听到批评、指教之声，形成争鸣、研讨之风。

《自然国学》丛书主编

2011年10月

目录

前言

《周礼》是儒家经典中的一部重要文献，拙著以《〈周礼〉的自然生态观》为题，是建立在对《周礼》的两个方面的认识：

一是《周礼》中所蕴含的自然生态观念并引入到对人类社会的管理中，建立了一套完整的“社会生态”和“人文生态”理论——《周礼》“六官制”就是这一思想的产物。“六官制”虽未见于后世的全面继承[1]，但“六官制”在中国文化史上有巨大影响，尤其是它的“自然生态”思想，不容忽视。拙著的第一章、第二章、第三章，大抵是这一领域的专论。

二是《周礼》记载对“自然生态”的管理，可以认为是在“自然生态伦理”基础上建立的关于“社会生态”“人文生态”最系统的理论，也是今天可以看到的最集中、最专业的文献记载。在《周礼》“自然生态”管理思想方面，我们注意到，《周礼》时代的华夏人类，不仅认识到要合理利用生态资源，而且认识到合理利用“自然生态”资源是为了自然资源的再生——这种管理思想，笔者称之为“优化自然生态思想”。拙著中的第四章和第五章，做了专门的考察、讨论。

生态被破坏，是人类社会发展中面临的严峻问题。建设当代生态文明，固然需要先进的科技手段，但比先进的科技手段更为重要的是“生态文明”的思想观念。没有人类的“生态文明”思想观念，单靠

①详论见“绪论”引郑樵之说。

先进的科技手段解决不了生态被破坏的难题！今天的生态文明建设，借鉴发达国家生态治理的经验和方法是必要的，但是《周礼》中的生态思想更适合国情，其思想精髓，不比发达国家的生态理论落后！

对古代的生态思想研究，虽然已经有学者关注，我们也看到一些刊布的文章，但是系统的研究尚待来日。希望拙著能起到抛砖引玉的作用。

拙著由周延良与翟双萍共同完成，第一章至第三章由周延良完成，第四章至第六章由翟双萍完成，周延良最后统稿。

绪 论

儒家的经典文献，以“五经”（也有“六经”之说）为总。“五经”实为七部书，因为其中的《礼经》是由三部书组成，《周礼》是“三礼”中的一部。从周到汉代初年，“五经”的传承（相对而言，《易经》可以例外）疑点或未知的问题甚多，《周礼》自然不能除其疑。历史上甚至有以《周礼》为伪书者。

拙著以研究《周礼》自然生态思想为题，其书真伪是无法回避的问题；同样，《周礼》中的自然生态思想虽偶有涉及真伪问题，但未曾专题详为考察，故藉此篇端，略陈浅见，亦祈方家正焉。

一、《周礼》的真伪

《周礼》，史称《周官》，刘歆佐王莽之际，始作《周礼》[①]。《周官》或《周礼》作为儒家的经典文献，同样是一部在历史上就存有极大争议的书。晚清，廖平、康有为等人竟附会并张扬南宋洪迈认为此书为刘歆伪造[②]的荒诞不经之论，影响所及，至20世纪80年代。

①班固《汉书·艺文志》：“《周官经》六篇”，班固自注：“王莽时，刘歆置博士。”唐颜师古曰：“即今之《周官礼》也，亡其《冬官》，以《考工记》充之。”（卷三十）

②南宋洪迈的《容斋随笔·续笔·〈周礼〉非周公书》曰：“《周礼》一书，世谓周公所作，而非也。昔贤以为战国阴谋之书，考其实，盖出于刘歆之手。《汉书·儒林传》尽载诸经，专门师授，此独无传。至王莽时，歆为国师，始建立《周官经》以为《周礼》，且置博士，而河南杜子春受业于歆，还家以教门徒。好学之士郑兴及其子众往师之，此书遂行。”（据文渊阁《四库全书》本卷十六）

此说纯属无稽之谈，可以不论。

《周礼》真伪，东汉以后颇多拟议，确《周礼》为真者，盖东汉郑玄；斥《周礼》为伪者，汉、晋林孝存、何休辈[①]。宋代以后，聚讼之说，不可胜记。清代初年，落第文人姚际恒撰《古今伪书考》中涉《周礼》，但文已佚[②]。

拙著以《〈周礼〉的自然生态观》命题，自然有不避真伪之嫌，以出土文献可证，《周礼》真伪，似不必辨。然此乃学术史，故当就近现代所论诸家之要者述之。

晚清皮锡瑞撰《五经通论》《经学历史》，于《周礼》真伪皆有说，兹就皮锡瑞先生《经学通论》论《周礼》真伪之目述如次：

《论〈三礼〉皆周时之礼，不必聚讼，当观其通》《论〈周官〉改称〈周礼〉始于刘歆，武帝尽罢诸儒，即不信〈周官〉之证》《论〈周官〉当从何休之说出于六国时人，非必出于周公，亦非刘歆伪作》[③]。

皮氏所论概括为三点：（一）《周礼》中“礼”是周代礼法；（二）汉武帝时已见《周礼》，但武帝不用《周礼》；（三）《周礼》是战国时人编订。

皮锡瑞是经今文学家，而《周礼》无今文，足见皮氏之说为平实。

民国张心澂撰《伪书通考》，涉猎文献，可谓详博。张心澂先生总六则，以《周礼》为伪书。张氏之说六则如次：

（一）来历不明；（二）先佚而后详；（三）初出及推行时有反对；（四）所言制度与周初不合；（五）所言与他书不合；（六）三次试验无效。

列此六则之后又说：“综上六证，则《周官》非周公之作，可断

①参见《周礼注疏》唐贾公彦《序〈周礼〉废兴》。
②参见台湾中央研究院中国文哲研究所编订《姚际恒著作集》第五册（林庆彰主编，1994年版）。
③据《经学通论·三礼》（中华书局，1954年影印商务印书馆本，第46~49页）。按，原无书名号与其他标点符号，因属篇题，故此。

言矣。"[①]此为反证，又出七则为推测之证，曰"《周官》既非周公之作，为何时何人之作乎？兹推究之如下"云云：

（一）汉武帝以前之作品；（二）战国时之作品；（三）战国时策士之计划；（四）儒家兼法家、理财家之计划；（五）采西周及春秋时期制度参以己意而成；（六）战国前期之作品；（七）刘歆之改窜公布。

嘱此七论，则结语曰："综上所考，则《周礼》一书，为战国前期儒家而通法理经济者所草拟之《建国方略》。至西汉前期发现而入秘府。及王莽时，刘歆见之，改窜而公布。"[②]

观两家要目可知，皮锡瑞与张心澂所论之不合者，在于《周礼》是否为周代礼法。皮氏主张《周礼》所记皆可视为周代礼法。

张心澂所谓"来历不明"云云，在"五经"中，亦非《周礼》一书，除《周易》外，其他"四经"俱存"来历不明"之争，"四经"亦可乎？

张氏所谓"三次试验无效"者：汉王莽一试，北周宇文周再试，宋王安石三试，以三用《周礼》而失败证《周礼》之制无效，其说非也。朝代更始，废旧立新，原本常事，如同民国不用清代之制，清代之制岂能为伪？用之而不效，亦可谓之"伪"？近人蒋伯潜先生撰《十三经概论》，专论驳"三次试验无效"者，其意甚详，所言"迄于明、清，六部尚书，其官制固尚存《周礼》之大体[③]"。极是，窃可不费词。

钱穆先生就《周礼》的真伪问题，曾做考证。钱氏认为《周官》属晚出之书，刘歆议立诸经之际，《周官》不在其中。后王莽据《周官》立政，并非刘歆据王莽之意伪造《周官》。《周官》的内容如井

①《伪书通考·经部·礼类》（上海书店出版社，1998年据商务印书馆1939年版影印，第313~314页）。

②同上，见316~326页。

③参见《十三经概论·〈周礼〉概论》第一章《〈周礼〉解题·〈周礼〉为战国时人书》（上海古籍出版社，1983年版，第255~257页）。

田、分州、爵位等早见前朝典籍记载，刘歆不必另造一书疑天下学人。钱穆著《〈周官〉著作时代考》一文[①]，论《周官》一书既非周公所作，也非刘歆所能作伪，以《周官》成于战国晚期为结论。

钱氏之论《周礼》成书时限，大抵不出皮锡瑞之囿。至于顾颉刚等所谓“古史辨派”说，可以不予置辩。

《周礼》非必周公亲为，或曰非周公亲作，未尝不可。但其中所载礼法，西周初年已经形成，可以从考古出土文物或文化遗址得以证明。尤其《周礼》所记名物，是当今商、周考古判断器物名称、功用、文化内涵等问题的重要参证。

“三礼”之书，《礼记》最为晚出。1993年，在湖北省荆门市郭店村出土的楚墓，其中一号战国楚墓七百多支有文字竹简中，考古学界最为首肯者《缁衣》。《缁衣》是《礼记》中一篇，可证《周礼》至少在战国之前已经成书。那么，成书于战国之说者，其说亦不攻自破。

依笔者之见，“郭店楚简”中《太一生水》之文，当在《缁衣》之前。《太一生水》尽述“五行终始”之理，“五行终始”之理是《周礼》的理论支柱。

出土文献，解决了两千年的争执（含东汉林孝存与郑玄之争），《周礼》不伪，出土文献，证为定谳。

又，《孔子家语》一书中记载着孔子的言论，是书于西晋由王肃献出（王肃为之作注）。宋代以后，多以为王肃造伪，定为“伪书”。但随着考古的发展，不断出土文物（竹简）证明，此书不伪。上世纪70年代，安徽阜阳出土的汉代竹简有与《孔子家语》相近的简文。1973年，河北定县八角廊发掘西汉墓，其中有出土的竹简定名为《儒家者言》，内容与今本《孔子家语》相近。《汉书·艺文志》著录

①见《燕京学报》1932年第11期。

《孔子家语》二十七卷，唐颜师古注曰："非今所有《家语》。"[①]颜师古说"非今所有《家语》"者，盖别于王肃作注之《家语》，并无他指。王肃不会在尚未出生之前的数百年先造出一部《孔子家语》，待出生后献给君王吧？

《孔子家语》是孔子思想的重要组成部分，孔子尊崇周公，尤推尚西周文化。《论语·八佾》载孔子之语曰："周监于二代，郁郁乎文哉！吾从周。"宋邢昺疏曰："此章言周之礼文尤备也，'周监于二代，郁郁乎文哉'者，监，视也。二代，谓夏、商。郁郁，文章貌，言以今周代之礼法，文章回视夏、商二代，则周代郁郁乎有文章哉，'吾从周'者，言周之文章备于二代，故从而行之也。"[②]邢昺疏文所说，可谓确论，言"周之礼文尤备""周之文章备于二代"，所指向者皆为《周礼》。《周礼》为孔子推尚，亦为孔子所见，孔子倘无所见，何发此感叹？孔子宁无如后之"疑古"之徒？况《孔子家语》中，每有与《周礼》相合之义，劳者自视，此不备述。

康有为说《周礼》为刘歆伪造，源于南宋洪迈。此说之缪，本不足辨，且前人早有讥驳，今所及之，盖因康有为之作《新学伪经考》《孔子改制考》，多剽袭其友廖平《今古学考》，评其学品，至为不伦！又，以洪迈之学养，本不当出此谬说，然以宋代（以南宋为最力者）疑古，以"疑"为尚故也，余波所及，达于20世纪80年代。

"疑古辨伪"，荐献之劳，或可嘉许，然否定民族文化传承，危害学术之深远，不可以数量计！实在说也造就了很多的笑话，明哲不可不查。

清朱彝尊《经义考·周礼》引郑樵曰：

> 《周礼》一书，或谓文王治岐之制，或谓成周理财之书，或谓战国阴谋之书，或谓汉儒附会之说，或谓末世渎乱

①据《二十五史》本《汉书》卷三十。

②据《十三经注疏》本《论语注疏》卷三（中华书局，1980年影印本，第2467页）。

不验之书。纷纭之说，无所折衷。予谓，非圣人之智，不及此。五等之爵，九畿之服，九州十二壤，闽、蛮、夷、貊，祭天祀地，朝觐会同之事，皆非文王时政所得及也。以是书而加文王，非爱文王者也。虽其书固详于理财，然其规画也似巧，而惠下也甚厚；其经入也若丰，而奉上也甚约；谓为理财之书，又非深知《周礼》者也。使战国有如是之法，则战国为三代矣；使汉儒有如是之学，岂仅为汉儒乎？惟见其所传不一，故武帝视为末世渎乱不验之书，而不知好也。至后世孙处[①]又独为之说曰："《周礼》之作，周公居摄六年之后书成，归丰而实未尝行也。"盖周公之为《周礼》亦犹唐之显庆《开元礼》也，唐人预为之，以待他日之用，其实未尝行也。惟其未经行，故仅述大略，俟其临事而损益之。故建都之制，不与《召诰》《洛诰》合；封国之制，不与《武成》《孟子》合；设官之制，不与《周官》合；九畿之制，不与《禹贡》合。凡此，皆预为之，未经行也。是书之作于周公，与他经不类。《礼记》就于汉儒，则《王制》所说朝聘，为文襄时事；《月令》所说官名，为战国间事。曾未若《周礼》之纯乎周典也！惜乎，自成帝时，虽著之《七略》，终汉迄唐，寥寥千百载间，竟不置学官博士。文中子居家，未尝废《周礼》，太宗读《周礼》，谓"真圣作"，其深知《周礼》者欤！若夫后世用《周礼》，王莽败于前，荆公败于后，此非《周礼》不可行，而不善用《周礼》者之过也！[②]

---

①孙处，字季高，（南朝·宋）会稽永兴人。事迹俱载《宋书》本传。

②据文渊阁《四库全书》本卷一百二十。按，朱彝尊此引，盖出郑樵《六经奥论·周礼经·周礼辨》卷六，文字颇有增损。按，有引作《通志》者，非也。

郑樵是南宋初年“疑古”（“疑经”）的代表人物，但此论中却以《周礼》为可信书，所论亦平实客观，是很有说服力的见解。就《周礼》的成书，郑氏总为五家之说，在宋代是谓之为全。就《周礼》之制与前世、后世实施的历史状况做了辨证的论说，不待后人费词，其事实已甚明了。

《周礼》“六官制”前人论之极翔实，于此略之。以下，就拙著考察“《周礼》自然生态观”等问题，稍作交待。

二、《周礼》自然生态观

“生态”，可以界定为人类的生存环境，中外学术界把人类的生存环境分得很具体，除了“自然生态”以外，还有“政治生态”“社会生态”“文化生态”或“人文生态”等等。

《周礼》中不仅贯穿着“自然生态思想”，同样也有“政治生态思想”“社会生态思想”和“人文生态思想”。近几年，随着“国学热”的增温，研究儒家“生态思想”的成果也有刊布，但系统研究的并不多。

《周礼》之制是否实施于社会，《周礼》中的“自然生态”制度是否实施于社会，不是拙著准备考察的问题。拙著要考察的是《周礼》“自然生态思想”存在的价值和意义。《周礼》“自然生态思想”的形成，也是“周监于二代”的结果——是西周初年综合取舍了夏、商、周原始文化完成的。《周礼》“自然生态思想”最深刻的文化背景是“原始宗教伦理”，而尊崇物质世界又是“原始宗教伦理”的核心[①]。“自然生态思想”就是从尊崇、膜拜物类甚至图腾延伸出来的——它是感情的，而不是感性的；它是理智的，而不是荒诞的。

①这里不作详论，可参看周延良的《夏商周原始文化要论》（学苑出版社，2007年版）。

《周礼》分职“天、地、春、夏、秋、冬”六官之制，恰好说明了这一史实。

拙著将考察：

一、《周礼》“天地官”分制的自然生态观。

“天官”“地官”分制的建立是在参照史前文化基础上完成的，是史前文化积淀的氤氲化生。“天地”之官与“天地”两者之间存在着早期华夏人类认知中的深刻联系。“天地”是一个古老的概念，早期华夏人类对它的理解和认识观念，至少在原始社会的新石器时代就完全形成了。从到目前为止出土和发掘的文物、文化遗址中，基本可以确定，《易》学形成之后，“天地”观已经建立了完整的认识体系，是早期华夏人类自然观念的支柱。《周礼》设“天地”之官，是这一理论的延伸和扩展，也是《周礼》“天官、地官”设官的理论背景和理论依据，比之《易》学中的“天地”观，它们是理论主体与分支体的关系。“自然生态思想”是形成“天地”官设的核心。

二、《周礼》“四季”设官分制的自然生态观。

春、夏、秋、冬四季概念见于《周礼》（或《周官》）而分别官制设立的依据是什么？历史上基于东汉郑玄的解说之后做了一定的发挥，无论怎样发挥，都不出郑玄解说本义的范围，为今天继续研究这个问题留下了虽然简单但很重要的文献。“天地”作为广义的生存物质形态本身而成为人类生存中的认识视阈，是从人类完成了认识物质世界的智能进化开始的。至少在原始社会早期（旧石器时代），华夏人类已经具备能动地创造物质文化和继续创造文化的智慧。此时，华夏人类文化心理深层虽积淀着原始的“物我混同”观念，但与物类的长期接触和生存中的物类利用，已经形成了与物质世界中物类对象化关系的认识。“天地”作为物质形态认识对象的认知也形成了——这是人类具备创造文化和不断地创造文化的思维功能的标志（特别是人类区别于高级灵长目动物的类本质条件），也是人类区别于动物类属的“类本质”。创造文化和继续创造文化也可以称为在原有文化的基础上创造新的文化，认识自然物质世界是人类创造文化和继续创造文化所必需的，不断地“自然人化”是“人”类本质最重要的标志。

三、《周礼》中的“土圭”与自然生态观。

地球的自然空间方位和节令（气象），就今天而言是基本的生活知识，但在人类确定方位、节令之始，实在是人类文化创造中的伟大认知。随着科技的发展，方位、节令（气象）认知的重要意义愈加凸显。中国人特别重视对方位、节令（气象）的认知，诸如建筑物、街巷、旷野、道路等等——在很多方面都以认知方位、节令（气象）为首要参照条件，尤其古代就更为明显。在世界古老的民族中，中国人是最早认知方位、节令（气象）的文化共同体。根据现在可见的文献记载，《尚书·尧典》中已经有判定方位节令（气象）的认知。《尧典》虽为后人“疑古”质疑，但质疑判分方位、节令（气象）的记载是没有理由的。《尧典》中有几个重要的概念记载是明确的，如“宅嵎夷曰旸谷”“宅南交”“宅西曰昧谷”“宅朔方曰幽都”（引见《尚书·虞书·尧典》，据《尚书注疏》本卷一）——这是就东一春、南一夏、西一秋、北一冬四个方位、节令做了很具体记载的文献。测知方位的工具是什么？是土圭——大约在尧、舜时代，土圭就是测知方位的工具。

四、《周礼》中辨土别物与优化自然生态观。

“辨土别物”是人类区分于动物的一个重要指标，人类从动物中分化出来，除了自身机体的生理进化，最重要的是智能进化。“辨土别物”是人类智能进化到建立或组成社会结构的思维产物。制造劳动工具应该是“辨土别物”智能的起点，这种智能也是人类早期阶段就形成了的。形成早期人类“辨土别物”思维功能的前提条件是长期认知自然生态，因此，“辨土别物”本身反映的是人类的“自然生态观念”。“辨土别物”作为古人的自然生态观念，《周礼》中有着广泛的记载，是上古时期“辨土别物”很成熟的社会行为，具有承上启下的坚实的文化惯性，是“三代”文化延伸的重要范畴，也是影响后世

封建文化的意义支点。从现在传世文献看，最早也是最专门、最系统记载华夏先民“辨土别物”的文献是《尚书·夏书·禹贡》。《禹贡》记载着禹治水成功即划定“九州”而辨土别物以为贡赋的史实。《禹贡序》载曰：“禹别九州，随山浚川，任土作贡。”（据《十三经注疏》本《尚书正义》卷六）禹治水，加深了对舆地的认识，也明晰了对舆地土壤和土壤所生、所存物质的认识、界分——用今天的衡量标准论，固然不算科学，但在当时以及在历史进程中评价，都是伟大的创举。《周礼》的“辨土别物”正是在这一文化流程中延伸和发展出来的。《周礼》中记载着专门负责考察、测知地形、地貌的职官，《周礼·夏官·邍[1]师》记载着“邍师”这一职官，这是专门负责测知地形、地貌等有关地理方面事务的职官。这种文化传统，一直延续下来了，如后世的“舆地志”或“方舆志”“方志”等文献的形成，其“笔法”“体例”都是从这一文化基因中增殖出来的。用今天的专业分类标准界定，这些学术概念都属于“地理”，远古时期如《禹贡》《周礼》中“地图”“方舆”等“地理”内容是早期人类“辨土别物”思维条件下的产物——“自然生态观”依然是它的思维前提。

五、《周礼》水泽、林木、地产管理与自然生态观。

古代就有记载保护自然生态的文献，最可称道的是“宗教”，宗教中记载保护自然生态的文献，又莫过于佛教，其次是道教。佛、道之教皆为东汉以后发展起来的文化，而佛教则是天竺文化进入中国以后，六朝以来，融入中国文化，成为中国文化的组成部分，在保护自然生态这一范畴中，它的积极意义是不能否认的。道家体系中的“物象”逻辑秩序表述，并没有脱离“周文化”大背景。因此，在“自然生态观念”这一点上，道家学说与“五经文化”有着诸多的共同蕴含，特别是《周易》和《周礼》。比如《阴符经》：“天人合发，万变定基”与周初“天人合一”观念属于语义学上的“同义结构”。

① “邍”，音义同“原”。

《阴符经》属在“道家”，其书成，历史上虽多疑问或争论，但此意所及与儒家的《周礼》中“天人观念”具有文化学上的“同源”关系。《老子道德经·象元》第二十五说：“……人法地，地法天，天法道，道法自然。”可见老子哲学中“道”本于自然生态而成论的依据，与《周礼》中以自然生态为本的思想异曲同工。《周礼》记载的自然生态管理，在客观上生发的意义就是“保护”，它的起点是尊崇自然，认知自然，合理地利用自然资源。

拙著就以上五个论题做具体考察，当然并不全面，《周礼》中的“自然生态思想”非此可概全，比如《周礼·天官·医师》（卷五）、《天官·疾医》（卷五）、《天官·疡医》（卷五）、《夏官·罗氏》（卷三十）等等，不仅记载着中国古老的医药学知识和理论，还记载着诸多有关养生的方略与智慧，都属于“自然生态观”的内容。限于篇幅时间，惟其割爱。

第一章

《周礼》“天地官”分制的自然生态观

“天官”“地官”分制的建立是史前文化积淀的氤氲化生。

“天地官”与“天地”两者之间存在着早期华夏人类的自然观念。“天地”是一个古老的概念，早期华夏人类对它的理解和认识观念，至少在原始社会的新石器时代就完全形成了，从目前已出土和发掘的文物、文化遗址中基本可以确定，《易》学形成之后，“天地观”已经有了完整的体系，是早期华夏人类自然观念的支柱。《周礼》设“天地”之官，是这一理论的延伸和扩展，也是《周礼》“天官、地官”设官的理论背景和理论依据，比之《易》学中的“天地观”，它们是理论主体与分支体的关系。“自然生态思想”是形成“天地”官设的核心。

本章将从三个方面考察：一、《周礼》设“天地官”的理论背景；二、《周礼》设“天地官”的自然生态观念；三、《周礼》设“天地官”与远古天文历法的自然生态观念。

一、《周礼》“天地官”的理论背景

早期华夏人类对自然的认识，首先是认识“天地”的形成。“天地”是华夏远古人类最早认识的自然本体。其次是认识“人”在“天地”形成后的地位，由此而形成了朴拙的理论，我们把这一朴拙的理论抽象为“自然本体论”和“自然生成论”。这种认识水平的形成，大致可以确定在“新石器”时代。从西周初年到汉代这一漫长的历史，是这

一自然生态认识论的总结和发展过程——这个结论，可以从发掘的文化遗址以及出土的文物与先秦相关文献记载的互相印证得以确定。这也正是《周礼》设“天地”之官的理论背景。

建立在文献记载和文化遗址、出土文物相互参证的基础上，可以给这一时期“天地”观理论界定出以下几个含义：第一，广义的自然物质形态，它们覆盖、承载着包括人类在内的所有自然界的有生物与无生物，换言之，人类所能认识到的有生物、无生物的存在，是以“天地”的存在为条件。因此，它具有无限的概括性，这一广义生存物质形态，可以称为“天地”。第二，“天地”作为广义的物质存在，早期华夏人类就对它的产生有了哲学思辨，即所谓的“天地开辟”，古人称之为“两仪”——“两仪”可以等同于“天地”，所以称为“两仪”，是自然现象的抽象。“天地”是广义的物质形态，古人把“天地”的物质属性抽象为“阴阳”，“阴阳”存在于所有的物质之中。第三，早期华夏人类认识并总结出“天地”作为自然规律，而且，抽象出它们的自然属性——阴阳，它的延伸所直接关涉到的对象之一就是天文历法。“阴阳”成为古代天文历法理论的主体。第四，认识和总结“天地”自然属性的主体——人类。没有人类的存在并对自然物质世界的认识，“天地”也就无从谈起。人类，首先是自然物质形态，其次才是社会属性。古人把“天、地、人”三者界定为“三才”。

（一）天地、两仪与三才

《周易》对以上所做的归纳有着完整的记载，《周易·序卦》：

> 有天地，然后有万物；有万物，然后有男女；有男女，然后有夫妇；有夫妇，然后有父子。[①]

这里，特别强调“天地”是首先存在并作为必然条件存在，“万物”的生成是以“天地”的存在为前提。有了“万物”也就有了人

①据《十三经注疏》本《周易正义》卷九（中华书局，1980年影印本，第95页）。

类——"有男女"——"天地"，覆盖和承载着包括人类在内的"万事万物"。宋郭雍解《周易·序卦》上引文字说：

有天地然后生物，人出其中则有男女。男女，人道之大；夫妇，人道之始……①

郭氏准确地解释了"天地"与"人"的关系——"人"覆盖于"天"而承载于"地"，"人"不仅生于"天地"，而且也得惠泽于"天地"。在理性的认识中，"天地"又称为"两仪"，《周易·系辞上》说：

是故，《易》有太极，是生两仪。两仪生四象……②

易学认为，自然的宇宙本体是"太极"③，有了"太极"和它的剖分就产生了"天地"即"两仪"，"两仪"是第一个层次，然后又有了产生"天地"运行规则的条件和对象——"四象"，"四象"即今天所说的四种既有联系又不相同的自然物候现象，也是"春、夏、秋、冬"四季的另一种称谓。"阴阳"及其属性"柔与刚"，也同时被界定出来。《周易·说卦》说：

昔者，圣人之作《易》也，将以顺性命之理。是以立天之道曰阴与阳，立地之道曰柔与刚，立人之道曰仁与义……④

"阴阳"是一个非常古老的概念，根据现在出土的文化遗址、文物和相关文献的记载，至少在原始社会晚期，华夏人类就有了"阴阳"的认识⑤。我们认为，文献中的记载是可信的。《周易》中的理论主干是"阴阳"学说，它的前缘是《连山易》。《连山易》是原始社会的产物⑥，《周

①据文渊阁《四库全书》本《郭氏传家易说》卷十。

②据《十三经注疏》本《周易正义》卷七（中华书局，1980年影印本，第82页）。

③道家哲学称为"太一、太乙"。

④据《十三经注疏》本《周易正义》卷九（中华书局，1980年影印本，第93页）。

⑤"阴阳"之说在学术史上有不同的立论，尤其是疑古派把这一学说界定在春秋或战国时期产生，笔者不同意这种说法。笔者长期从事史前文化研究，发表多种论著，就"阴阳"自然观念产生于原始社会晚期，每有考察论述，此不赘复。

⑥拙文《<连山易>文献辑要辨证》（2009年，宝鸡炎帝祭祀大典会议论文）有详论。

礼》中设“天地”之官，有着深刻的“阴阳”思想——它的直接理论来源是《周易》，其理论滥觞却是《连山易》。《周易》之学的本质是基于古老的自然生态学说，《周礼》的要义是综社会、自然于一的自然生态学说——“人”是最核心的存在。《周易》《周礼》虽入论支点不同，但关注的“三才”之道却成为理论归宿。《周易·系辞下》就早期华夏人类形成的自然生态本体论、自然生态生成论所做的理论总结是正确的，其文曰：

> 《易》之为书也广大悉备，有天道焉，有人道焉，有地道焉，兼三才而两之，故六。六者，非他也，三才之道也。道有变动，故曰爻；爻有等，故曰物；物相杂，故曰文；文不当，故吉凶生焉。[①]

此论认为，《周易》作为文籍，涉及广泛而无所不包，既包含着“天道”、“人道”，也包容着“地道”，“三才”——“天、地、人”，不仅是不变的本体，也是它“道有变动”的本质。《周易·泰·象辞》说：

> 象曰：天地交泰，后以财成天地之道，辅相天地之宜，以左右民。[②]

所谓“天地交泰，后以财[③]成天地之道”，是说天地运行规律的确定，其前提是“天地交泰”，天地之间的万物（含人类）便是在“天地交泰”的自然生态环境中产生的，人类社会的治理（含设官）就应该遵循自然生态的运行规律，人类才有可能生存下去。“辅相天地之宜，以左右民”，正是表述了人应该遵循自然生态的规律才能正常地存活。

宋方闻一编《大易粹言》引宋游酢曰：

> “财成天地之道”，犹言“燮理阴阳”也；“辅相天地之

①据《十三经注疏》本《周易正义》卷八（中华书局，1980年影印本，第90页）。
②据《十三经注疏》本《周易正义》卷二（中华书局，1980年影印本，第28页）。
③“财”，其义同“裁”，此为判定之义。

宜”犹言“寅亮天地”也。寅亮者，事功之所及，如羲和之职是也，此体天地交泰之事也。[①]

这是顺乎道理的解释。唐李鼎祚《周易集解》卷四引荀爽曰：“坤气上升以成天道，乾气下降以成地道，天地二气，若时不交，则为闭塞，今既相交乃通泰。”[②]远古对立生成的理论成为《周礼》设“天地”之官的重要哲学背景。

（二）“燮理阴阳”“寅亮天地”与对立生成论

老子《道德经》四十二章：

道生一，一生二，二生三，三生万物。[③]

老聃此说与《周易》中的“大易”、“大初”、“大极”、“大一”等概念有联系，故说《易》者每据以为论。唐孔颖达《礼记·月令》第六疏文有着准确具体的解释：

老子云：“道生一”，道与大易，自然虚无之气，无象，不可以形求，不可以类取，强名曰“道”，强谓之“大易”也；“道生一”者，一则混元之气，与“大初、大始、大素”同，又与《易》之大极、《礼》之“大一”，其义不殊，皆为气形之始也；“一生二”者，谓混元之气分为二，二则天地也，与《易》之“两仪”，又与《礼》之“大一”分而为天地同也；“二生三”者，谓参之以人，为“三才”也；“三生万物”者，谓天、地、人既定，万物备生其间……[④]

孔颖达把《老子》的“道生”论与《周易》合而观之，把两者视为一个文化流线上的不同点，非常精准，也是合乎文化指向的解释。最早的自然本体理论和生成理论是建立在对自然生态认识、理解和总结的基

---

①据文渊阁《四库全书》本卷十一。

②此荀爽遗说，其书，今已不传。荀爽，字慈明，河南颍川人，汉末硕儒。

③据文渊阁《四库全书》本。

④据《十三经注疏》本《礼记正义》卷十四（中华书局，1980年影印本，第1352页）。

础上架构起来的，《易》学是这一理论最早的集合，《周礼》渗透着这一理论，是这一文化的延伸与孳乳。

唐张弧《素履子·履道》说：

> 道本无名，无名，居天地之始。天地之始号曰“混元”，混元之初，无形无象，既分二仪，能生万象，故云之为道[①]。初自混漠，三皇依之设教，五帝依之置治，始于一化。淳朴自然，将明寒暑之期，遂分阴阳之序。[②]

此说，大抵代表了汉代以来“义理”派对宇宙起源的认知与解释，与上引孔颖达之说属于殊途同归。应该注意的是，说者对宇宙起源理论的形成与人类社会秩序的产生以次第相续的关系的认识——其中涉及对原始文明形成的理解。所谓“三皇依之设教，五帝依之置治”触及的问题正是有关原始文明或原始文明形态的问题。“三皇依之设教”：“三皇五帝”历史文献有不同的记载，此据“伏羲、神农、黄帝”为三皇之说[③]。“三皇设教”所依据的是当时人类对自然生态的认识理论。《周易·系辞下》：“古者，包牺氏之王天下也，仰则观象于天，俯则观法于地，观鸟兽之文与地之宜，近取诸身，远取诸物，于是始作八卦，以通神明之德，以类万物之情，作结绳而为罔罟，以佃以渔……”[④]“上古结绳而治，后世圣人易之以书契，百官以治，万民以察……”[⑤]汉孔安国《书序》：“古者，伏牺氏之王天下也，始画八卦，造书契，以代结绳之政，由是文籍生焉。”[⑥]伏羲是华夏人类的始祖，伏羲时代也是华夏原始文明的发轫。应该注意的是“天地”这一代表自然生态最重要

---

①此说大抵在演绎三国时魏王弼注《周易》《老子》的见解。

②据文渊阁《四库全书》本《素履子》卷上。

③或以“天皇、地皇、人皇”为三皇，孔安国《书序》以伏羲、神农、黄帝为三皇（参见《尚书正义》），唐张守节《补史记三皇本纪》以伏羲、女娲、神农为三皇，等等。

④据《十三经注疏》本《周易正义》卷八（中华书局，1980年影印本，第86页）。

⑤据《十三经注疏》本《周易正义》卷八（中华书局，1980年影印本，第87页）。

⑥据《十三经注疏》本《尚书正义》（中华书局，1980年影印本，第113页）。按，《书序》后世或有质疑者，此不具论。

的物质实体，不仅是万物生成所依赖的自然条件，以人类的存在为前提，也是文化生成的媒介——"五帝依之置治"所依据的便是在对自然生态认知基础上建立的原始治理意义的制度文化环境，是三皇时代的发展，也是自然生态认知理论的发展。这些相关的记载突出了一个事实：华夏原始文明的起源首先在于对自然生态的认知和理性总结，原始的三皇五帝时代已经有了对自然生态的理性认知，这正是《周礼》设官的理论依据。《周礼·春官·外史》：

外史……掌三皇五帝之书……[①]

《周礼》设"天地"之官是原始自然生态文化的延伸与孳乳，它的前文化基础理论成为《周礼》设官的不二参考，就在于《周礼》时代依然掌握着"三皇五帝之书"——《三坟》与《五典》。《三坟》《五典》虽未传世[②]，但不等于不曾存在。《尚书序考证》："按孔疏引《周礼·外史》所掌，以证三皇五帝之书，可谓确当。但《周礼》只云'三皇五帝之书'不云皇名《三坟》，帝名《五典》也……"[③]先秦文献记载的《三坟》《五典》之书虽不是很明确，但主体内容是以自然生态为经纬——是没有问题的。明孙瑴编《古微书·论语纬》辑《论语撰考》云：

黄帝受地形象天文以制官，爰有九州之牧。[④]

在"三皇"的远古时代，设官的主要参照是原始人类能见、能知的自然物质形态，并把能见、能知的自然物质形态分类定名后而引入官职。所说"黄帝受地形象天文以制官"，黄帝时代是否有官制，现在不可遽断。但黄帝时代已经进入社会的有序管理这个结论不会有错误。那么，黄帝时代的管理是仿天地生态的形式设置管理人员，这一推断也不

①据《十三经注疏》本《周礼注疏》卷二十六（中华书局，1980年影印本，第820页）。

②明代程荣编《汉魏丛书》，中收《古三坟》书，后世多以为伪书。

③《三坟》《五典》，其实就是最早"易"学的原型。

④据文渊阁《四库全书》本卷二十五。按，此为纬书，书亦佚，孙瑴所辑为残文。又，唐贾公彦等撰《周礼正义序》亦节引。

会有问题，从史前诸多文化遗存中也是可以得到间接的证明。西周以来天人观念的思想源头应该从“三皇”时代寻找答案。

宇宙间“天地”怎样形成的？这是一个哲学意义上的问题，也是早期华夏人类认识自然生态的问题。从前引文献所记载“太极”和“两仪”论述中，我们可以获知，“天地开辟”是这一自然生态论形成的思维基础。虽然是对《易》象的概括、抽象之论，但从中国古代哲学理论形成的历史过程观之，无疑是正确的。其中包含着两个重要的哲学命题：一是自然本体论，一是自然生成论。“太极”是早期华夏人类建立宇宙本体论所提出的概念；“两仪”是宇宙的生成。从宇宙的提出到“两仪”的生成，是早期华夏人类对自然环境不断认识的结果。这里，未曾明示“天地”，但“天地”涵盖在“两仪”之中。“天地”与“两仪”是等同关系，只是存在着认识基点的区别。“天地”是人类赖以生存的自然生态，“两仪”是这一自然生态的概括的名义。我们应该承认，这一自然生态抽象本身就暗示着早期华夏人类对自然生态秩序的认识，并把它上升到哲学思辨的高度。从《易传》以及相关的记载中我们看到，远古时期形成的这一哲学理论，其中存在着一个牢固的母题是生存物质形态的“新新不停，生生相续”的自然生态现象。唐孔颖达《周易正义·论易之三名》中所论，可以作为证明，其文曰：

> ……自天地开辟，阴阳运行，寒暑迭来，日月更出，孚萌庶类，亭毒[①]群品，新新不停，生生相续，莫非资变化之力，换代之功，然变化运行，在阴阳二气……[②]

此论以《易》为起点，延伸到对人类赖以生存物质形态的考订、论说，从历史成说的“天地开辟”到天地开辟后的物质存在特征，以及人

①亭毒，畜养之义。明方以智《通雅·释诂》：“亭毒，存养也。《列子》曰：‘亭之，毒之。’注：‘亭以品其形，毒以成其质。’此毒，音余六切。古毒与育同。《周易》以此毒天下，《归藏易》‘大畜’‘小畜’作‘大毒’‘小毒’盖毒亦畜也。今人每用亭毒而呼为荼毒，误久矣。”（卷四）

②据《十三经注疏》本《周易正义》卷首（中华书局，1980年影印本，第7页）。

类能见、能知的"庶类群品"所以"新新不停，生生相续"成为可能的条件，做了简要而准确的论定，是哲学的，也是自然生态的。"天地"是物质生存形态的总体，它们覆盖、承载着所有的自然物类形态。"阴阳"是"天地"以及所有自然物类形态的属性。"寒暑"是物候特征，其本质却是自然物质形态。"日月"是自然物质形态，也是所有自然物质形态赖以产生、消长的条件。这些最基本自然生态的存在成为"孚萌庶类，亭毒群品，新新不停，生生相续"的可能，是自然物质形态的因果链，也可以说是自然生态秩序。

这是中国古代典型的自然生态观，也是古老的哲学理论基础。而这一哲学系统的建构却是在早期华夏人类认识自然生态秩序中完成的。作为中华民族文化的主体理论，它浸润到各个领域，延续之日久、影响之深刻，堪称文化圭臬。《周礼》"天、地"官制之设，正是它的文化孳乳，也是《周礼》所设"天官、地官"的理论背景和理论依据。

二、《周礼》"天地官"的自然生态观

从以上不难看出，早期华夏人类对"天地"的认识以及《周礼》中官制的建立，渗透着对生态秩序的认知。换言之，《周礼》中确立的"天地官"与上面所概括的几个含义都存在着表层和深层的联系，自然生态秩序便是贯穿终始的认识论。

（一）"天官"与自然生态观

《周礼·天官·冢宰》第一，《郑目录》云：

> 象天所立之官。冢，大也；宰，官也。天者，统理万物。天子立冢宰，使掌邦治，亦所以总御众官，使不失职……①

郑玄认为，《周礼》中所以设"天官"的思维依据是以"天"为

①据《十三经注疏》本《周礼注疏》卷一（中华书局，1980年影印本，第639页）。

“象”——“象天”，就是以天为参照。“天”与“天官”潜存着象喻关系，“天”与“天官”有一个吻合点就是“统理万物”。“统理万物”是“天”的功能，象“天”之官也具备“统理万物”的能力，其中暗示着政治生态伦理。而这一政治生态伦理的产生、形成却是以自然生态为条件——“统理万物”。“万物”是物质存在形态的社会化，“统理”就是认识、统筹自然物质社会化的秩序形态，它是基于自然生态条件下的“自然人化”判断。“天官”是建立在这一认识基础上形成的，“地官”也是以这样的认识观念为前提架构的。当然到了《周礼》时代对“天地”的认知已经具备了科学的因素，比如“天文历法”学。唐贾公彦疏前引《郑目录》：

> 郑云“象天”者，周天有三百六十余度，天官亦总摄三百六十官，故云“象天”也。云“官”者，亦是管摄为号，故题曰天官也……①

贾公彦以古代天文历法学理论来解释“天官”设官的缘由，虽有后人的质疑，但其中的合理之见是应该肯定的——贾氏认识到“天官”所设是古人“自然人化”思维方式的表现形式，也就是说，把自然的天文现象引入人类社会的官职设立中。这一思维状态的形成，是人类对自然物质世界的自然生态观念。就这个问题，宋郑伯谦的考察和解释，更具明确性和说服力，郑氏以设问的方式就“天官”所设的自然生态原因做了追本溯源的考察、解释。宋郑伯谦《太平经国书·奉天》载：

> 或问，冢宰（冢宰，即天官之官——引者）一官，其属六十，顾未始有一事之关乎天者，而冢宰谓之天官，何也？曰：此加官也。唐虞稽古，建官惟百，凡天地之运化，四时之作讹……所以分天下之万事而治之者也。至周以来，则省九官以为六卿之职，又省六子以冠六卿之号，以虚名而加实职，并而授之，所以宠而尊之也……或曰：古者，圣人重天道，伏

①据《十三经注疏》本《周礼注疏》卷一（中华书局，1980年影印本，第639页）。

羲有神龙之瑞，故以龙纪官；黄帝有庆云之瑞，故以云纪官；共工以水，神农以火，少昊以鸟，颛帝之后以民，则重黎、勾芒、祝融、后土、蓐收、玄冥是也；帝尧之兴，以天地四时，则羲和及四子是也；帝舜之兴，以五行，则益火、稷谷、禹水是也。今成王、周公之建官，考前世之制而兼其长，必若所谓虚名加实职，则事之关乎天者，其属之谁乎？曰：子以为古之大臣，其所谓寅亮天地，而燮理阴阳者，若历官星翁，文史卜祝之所为乎？凡论道经邦，以转移人主之心术，而厘正天下之万事者，皆寅亮燮理也，皆对时育物，抚五辰而熙庶绩者也。①

郑伯谦此论"天官"所设的理由是上古人类对自然物质世界认识的结果。所谓"凡天地之运化，四时之作讹……所以分天下之万事而治之"，此时设官是本于对自然生态的认识、理解，原因是"圣人重天道"——对人类文化有建树的人成为集群的标志，所重视的是自然运行规律。故而"伏羲有神龙之瑞，故以龙纪官；黄帝有庆云之瑞，故以云纪官；共工以水，神农以火，少昊以鸟，颛帝之后以民，则重黎、勾芒、祝融、后土、蓐收、玄冥是也；帝尧之兴，以天地四时，则羲和及四子是也；帝舜之兴，以五行，则益火、稷谷、禹水是也"。这些远古时期在华夏人类文化创建、发展中作出巨大贡献的首领们，在他们建官设职之际，都是以自然生态观为依据的。《周礼》设官是综合前代而取长补短有所增损，但本于自然规则实施对社会治理的规则是不变的，即"寅亮天地，而燮理阴阳者"，是说敬信天地的运化，协调阴阳既成的这种坚实的自然生态理念，成为治理社会的原则，这是当时"官员"的终极职责。目的则是"对时育物，抚五辰②而熙庶绩"。也就是说，人类社会的管理也应该遵循天地物候的运行规则，只有这样才能实现广大民众生存的稳定、安乐。国民的协调、安定是当时治国者的最高境界，

①文渊阁《四库全书》本《太平经国书》卷一。

②五辰，即五行，因分主四时（木主春、火主夏、金主秋、水主冬、土分属四时），故称四时为"五辰"。

即“制治于未乱，保邦于未危”。[①]汉孔安国传：“言当顺古大道，制治安国，必于未乱未危之前，思患预防之。”[②]以上，郑伯谦是在发挥《尚书·周官》中的文义，正是在西周初年已经建立起来的牢固的社会观念。《尚书·周书·周官》载曰：“论道经邦，燮理阴阳……贰公弘化，寅亮天地。”[③]当时，要求官员不仅具备治理社会（“论道经邦”）的能力，而且更重要的是具备协调阴阳（“燮理阴阳”）、敬信天地（“寅亮天地”）的素养。“天地阴阳”是具象的，也是抽象的。它们的具象就在于“天地”是可见的，“阴阳”的变化是可感的；它们的抽象在于在昼夜明灭、雨雪晨昏的自然生态现象的往复回环中的运行规则。“天地”官员设置，不仅是“天地”的象喻体，而且也必须具备“燮理阴阳”“寅亮天地”能力的载体。

人类社会进入治理的时代，无疑是社会的进步。最初的人类社会统治模式就是仿照自然生态的运行规则。唐贾公彦等《周礼正义序》：

> 夫天育烝民，无主则乱。立君治乱，事资贤辅。但天皇、地皇之日，无事安民。降自燧皇，方有臣矣。是以，《易通卦验》云：“天地成位，君臣道生，君有五期，辅有三名……”[④]

这里所说的“天育烝民，无主则乱。立君治乱，事资贤辅”是正确的——人类社会从无序到有序，其实质就是从没有治理[⑤]进化为有治理。在古人看来，这一社会进化现象是人类在对自然生态认识的基础上建立的治理体系，即设官体系——人是自然的产物：“天育烝民”，人不同于其他动物，根本区别就在于人类的生存是有秩序的，这种秩序形成的前提是参照自然生态秩序建构人类社会秩序：“天地成位，君臣道生”。“天地成位，君臣道生”是相对于“天皇、地皇”尚“无事安

---

①据《十三经注疏》本《尚书·周书·周官》卷十六。按，《尚书·周官》历史上就有质疑其真伪的事，我们只取其中的社会观念，与真伪无关。下同。

②③据《十三经注疏》本《尚书·周书·周官》卷十六（中华书局，1980年影印本，第235页）。

④据《十三经注疏》本《周礼注疏》（中华书局，1980年影印本，第633页）。

⑤笔者用“治理”而不愿用“统治”这一具有贬义的概念。

民"的原始早期时代，人类对自然生态的认知尚属阙如，进入原始的"燧皇"时代，华夏人类已经对自然生态有了基本的认知，所以可谓"天地成位"。实际是原始人类对自然生态已经具备了基本的认知，在参照"天地成位"的基础上建立了社会秩序——"君臣道生"。到西周初年，这种以自然生态为参照而建立社会管理体系的思想，已经十分成熟。自上世纪50年代，研究中国文化史，每每涉及西周的"天人观念"，所忽视的恰恰是最核心的问题：周人关注的存在终极对象是人类的"仿自然生态"意义。可见，《周礼》设官中，华夏先人的自然生态思想是多么智慧，甚至伟大！

（二）"地官"与自然生态观

"天官"作为起点，相对的是"地官"。

"天地"是相对的存在，《周礼》设"天地"之官，当然也是建立在对客观物质世界认知的基点上。《周礼·地官·司徒》第二，《郑目录》云：

> 象地所立之官。司徒，主众徒。地者，载养万物。天子立司徒，掌邦教，亦所以安扰万民。①

"天官"是以"天"为基点，"地官"就是以"地"为本体。前哲郑玄所说的"象地所立之官"便属于这一认识思维之下的解释。与解释"天官"一样，虽然简单，但郑玄所解是正确的。"象地所立之官"的判断，同样提出了一个象喻关系的问题，"地"与"地官"是象喻关系，它的吻合点就是"载养万物"——"地"可以"载养万物"，"地官"也应该具备"载养万物"的条件和职能。所以郑玄说为"天子立司徒，掌邦教，亦所以安扰万民"。"安扰万民"即是安抚万民，俾万民有可以生存的社会环境——是典型的"惠民"思想。这种思维方式的形成，与"天官"一样，是以自然生态为前提的政治伦理。"载养万物"

---

①据《十三经注疏》本《周礼注疏》卷九（中华书局，1980年影印本，第697页）。

首先是对自然生态秩序的认识。“万物”是物质存在形态的社会化，“载养”就是认知自然生态的社会秩序化形态，在社会秩序化形态中，“万民”是主体。民本思想在这里凸显得很确定，其宗旨是“载养万物”以达到恤养人民的目的，是西周以来“三才”思想的具体化代表。《周礼·地官·司徒》：

> 惟王建国，辨方正位，体国经野，设官分职，以为民极[①]。乃立地官司徒，使帅其属，而掌邦教，以佐王安扰邦国。[②]

应该承认，《周礼》中“天地”官职之设，“贵民”是治理者的最高追求，也可以说是西周以来治理者的社会理想——“以为民极”正是述及此意。按照《周礼》的记载，“地官”的主要职能是司掌邦国的教化，这一官制的设立恰恰是自然生态观下的哲学思维，此说在《列子》中有着充分的哲学阐发，《列子·天瑞》[③]说：

> ……故天职生覆，地职形载，圣职教化，物职所宜。然则，天有所短，地有所长，圣有所否，物有所通，何则？生覆者不能形载，形载者不能教化，教化者不能违所宜，宜定者不出所位。天地之道，非阴则阳；圣人之教，非仁则义；万物之宜，非柔则刚，此皆随所宜而不能出所位者也。[④]

《列子》此论是以“三才”自然职能思想为基准的哲学演绎：天的职能本质是覆盖，地的职能本质是承载，圣者（人）的职能是认知世界而传递教化，物质的本质是其自然生态属性——“天地人”作为自然生存形态属性的存在，它们各有自身的职能，而不能兼长。正如清陆陇其所云：“覆、载生成之偏，如天职生覆，不能成载；地职成载，不能生

---

①“极”是“至极”义，朱熹说：“‘民极’之‘极’诸儒虽有解为‘中’者，盖以此物之极，常在此物之中，非指极字而训之以中也。极者，至极而已。”（据宋朱鉴编《文公易说》卷一）

②据《十三经注疏》本《周礼注疏》卷九（中华书局，1980年影印本，第697页）。

③按，《列子》是有争议的历史文献，但也有人认为它是先秦之际的著述，笔者本此之说。

④据《诸子集成》晋张湛注《列子》本卷一（中华书局，1954年影印世界书局本第三册，第2~3页）。

覆是也。”[①]可见，先秦时期已经形成了“天职生覆，地职形载”的哲学思维。应该肯定，这一哲学观念的形成是本于自然辩证观念而生发的自然生态秩序的认识，与《周礼》“地官”的设立是因果关系，宋王昭禹《周礼详解·地官·司徒》：

> 天职生覆，而为万物之所资始者，主乎道；地职形载，而为万物之所资生者，主乎化。治无所不覆，而以道为本，故掌治者谓之天官；教无所不载，而以化为本，故掌教者谓之地官。[②]

“天职生覆,而为万物之所资始者”——“天官”的职能覆盖着所有的生命，也是万物“资始”的元点；“地职形载，而为万物之所资生”——“地官”的职能承载着有形之物，也是万物“资生”的根本。它的意义归宿是“资始”和“资生”，关注的终极对象是“人”的生存。这里，“道”就成为无法回避的概念——在这里，“道”是什么含义？所谓“道”是指物质世界万物本原及其运行规律。

此说在于发挥《列子·天瑞》篇所论，其中有三个重要的含义应该关注：一、说者以为“天”是万物始生所必须依赖的自然本体条件——这是“道”，是不可替代的万物本原运动之理。“道”并非玄远不能解，“道”是自然本体之道，是自然生态所固有之道。二、“天”是“地”所以能“为万物之所资生”相互产生作用之“化”依赖的自然本体，“化”遵循天之道而成立，“天地”“道”“化”的自然属性存在之后，“人”才有可能“治”。三、“人”存在于“天地”之间必须首先有了“天地”的“道”与“化”，人类必须遵循“天地”的“道”“化”而“治”，懂得“治”的本源之理，也就具备了“教”之术。“天官”与“地官”所设，就是建立在这种固有的自然生态认知的基础上形成的。“故掌治者谓之天官；教无所不载，而以化为本，故掌教者谓之地官”，而“天地”之官所设的终极意义是“人”的存在。因此，朱熹有如是论者，十分可贵。

①清陆陇其《四书讲义困勉录·中庸》卷二（据文渊阁《四库全书》本）。
②据文渊阁《四库全书》本卷九。

清程川编《朱子五经语类·礼六·周礼一》载朱熹答问之说：

> 问：司徒职在敬敷五教，而地官言教者，甚略，而言山林陵麓之事，却甚详。曰：也须是教他有饭吃，有衣著，五方之民，各得其所，方可去教他，若不恁地，教如何施……[①]

此言“地官言教”，朱熹作答，先以“人”的生存为说（有饭吃，有衣穿）。也就是说，地官掌教，首先应该确立“人”生存的要求，在这一基本要求存在的条件下才能谈得上“教”。元毛应龙撰《周官集传》说：

> “体国经野”，顺地道也；“设官分职，以为民极”，立人道也。[②]

“体国经野”，即应该顺乎大地的自然生态法则，而顺乎大地的自然生态法则就必须“设官分职”。“设官分职”是方式或办法，属于制度文化范畴，“以为民极，立人道”才是目的。其中仍然蕴含着“三才”观念——我们特别地强调：“三才”观念本身就是自然生态认知的产物，应该承认早期华夏人类中的“文化智者”（即古人所称的“圣人”），在中华文化形成和发展过程中所做的伟大贡献！

从以上对“天官”“地官”立官思维的考察、分析中，我们可以认为，这一官制的产生以及见载于《周礼》是早期华夏人类综合性社会文化知识的反映。其中有哲学的物质生成认识论，有远古时期的自然辩证观念，包括天文历法观念，物（自然物质世界）我（人类本身）“和合”而共存互利的观念——这是《周礼》时代建立起来的“仿生态伦理”体系。宋代的叶时就此问题有精辟的论述，他在《礼经会元·官名》中说：

> 官之有名，尚矣。郯子曰：黄帝以云纪，故为云师，而云名；炎帝以火纪，故为火师，而火名；共工以水纪，太皞以

①据文渊阁《四库全书》本卷六十五。

②据文渊阁《四库全书》本卷一。

龙纪，少皞为鸟师，颛帝为民师，此官名之见于《春秋传》然也。然古人命官，或纪以瑞，或纪以事，名虽不同，而于天、地、四时，各有所配。初非分掌天、地、四时也，有如少皞有重、该、脩、熙四叔，是以四叔而掌五行。尧有羲、和、仲、叔四子，是以四子而掌四时，又非以是名官也。今观《周礼》，冢宰曰天官，司徒曰地官，宗伯曰春官，司马曰夏官，司寇曰秋官，司空曰冬官，是以天地四时名官，而非分掌其事也。夫既非分掌天、地、四时，而加以天、地、四时之号，是则以虚名而加实职也。古人云：龙，火帝之纪。果亦如是否乎？又况以天名官，而《春官》保氏之属，非天事乎？何以不属“冢宰”？以地名官，而《夏官》职方氏之属，非地之事乎？何以不属“司徒”？“司寇”刑杀，固谓之秋；“司空”水土，固谓之冬。至如春朝，夏宗，秋觐，冬遇，并属“宗伯”，则“宗伯”不特主春；春蒐，夏苗，秋狝，冬狩，并属“司马”，则司马不特主夏；周人以天、地、四时分冠六卿之号，果何意欤？尝以《周官》考之，则知周人命官之意深矣。太师、太傅、太保曰三公，论道经邦，燮理阴阳；少师、少傅、少保曰三孤，贰公弘化，寅亮天地……①

叶氏认为，“官”职命名十分古老，华夏史前时期的炎黄时代就已经建立了命官文化。叶氏把命官文化的起点确定在黄帝时代，延伸《周礼》时代，分为史前和史后两个大的时间段。在史前时期命官的特点是“或纪以瑞，或纪以事，名虽不同，而于天、地、四时，各有所配”——很显然，史前命官的具体名目有别，但各配“天地四时”是相同的，其中蕴含的文化祈向是仿自然生态。《周礼》时代虽用“天地四时”之名，但从形制上看，不以天地四时分职，而其中的深意在于一本自然生态之旨，如其所言“尝以《周官》考之，则知周人命官之意深

①据文渊阁《四库全书》本《礼经会元》卷一上。

矣。太师、太傅、太保曰三公，论道经邦，燮理阴阳；少师、少傅、少保曰三孤，贰公弘化，寅亮天地”。《周礼》命官“论道经邦”“贰公弘化”，都必须具备“寅亮天地”“燮理阴阳”的素养——敬信天地（自然环境），协调阴阳（生态环境）是命官最基本的条件和要求。换言之，“天地”之官必须具备“寅亮天地”“燮理阴阳”的素养才能“论道经邦”“贰公弘化”，最终达到“以为民极”的祈愿。

三、《周礼》“天地官”与远古天文历法的自然生态观

宇宙浑圆，天地开辟，是华夏原始人类已经形成对自身生存空间的认知定式。见于文献记载，固然很晚，可以《周易》为先[①]。但从出土的原始文化遗址以及相关的文物中可以判定，在原始社会晚期已经构筑了中国最早的哲学系统，而这一哲学系统的前提则是自然生态观，与之并行的另一个文化系统就是天文历法。

中国的天文历法究竟起源于何时？是学术界有争议的问题，但随着考古的推进，这一难题最终会得到解决。历史文献中记载着“黄帝历”“颛顼历”“盖天说”“宣夜说”“浑天说”等等，依据考古发现，大约在黄帝时代以后，华夏先民已经创造了简易但可以用于指导农耕的历法。《史记·历书》载太史公曰：“神农以前尚矣，盖黄帝考定星历，建立五行，起消息，正闰余，于是有天地神祇物类之官，是谓五官。”[②]黄帝时代以后的颛顼时代已经建立了比较完整的历法，可以从河南濮阳西水坡出土的原始古墓中得到证实，是黄帝时代天文历法的发展与完善[③]。

①“天地开辟”神话不在论例。

②据《二十五史》本《史记》卷二十六。

③考古学者冯时有深入的研究，在《濮阳古墓“龙虎蚌壳图”与原始哲学思维》一文中也有论及（载《古籍整理研究学刊》2011年第3期）。

（一）远古的天文历法问题

黄帝时代建立了天文历法，我们从上引文字中可以获知。天文历法的建立是以华夏先民对自然生态的认知为条件，对自然生态秩序的认识是建立天文历法的不二法门。

夏、商、周三代完备的天文历法是原始天文历法优化、发展的结果，它的产生、形成以及发展依然是以自然生态秩序为基础条件。进入西周社会，与自然生态秩序观念具有直接、间接关系的天文历法作为制度文化又孳乳着制度文化的多样化。《周礼》设“天地”官制，与原始自然生态秩序形成的哲学有关，与以自然生态观念为思想基础的天文历法也有重要的关系。我们从《周礼》“天地”官制设立缘由的相关记载中知道，它与上古时期遵循自然生态秩序形成的天文历法有着直接的关系。前文引贾公彦疏郑玄注“象天所立之官”曰：

> 周天有三百六十余度，天官亦总摄三百六十官，故云“象天”也。[①]

贾公彦把郑玄“象天”之释对解为“周天有三百六十余度，天官亦总摄三百六十官”是基于周代的天文历法。“周天有三百六十余度”是天文历法概念[②]，“三百六十余度”是天文学概念，也是历法学概念。贾公彦唯用其概数，此数实为“三百六十五日四分度之一”[③]，即是贾公彦所说的“周天三百六十余度”。这两个范畴的概念都与形成于原始社会晚期的《易》[④]有着重要的关联。那么，“三百六十余度”是怎样的涵义？此引宋张行成所说：“天实有三百六旬六日，故每卦六爻当六日，必加余分焉。”[⑤]此说虽在解说《易》中卦爻，但《周易》形

①据《十三经注疏》本《周礼注疏》卷一（中华书局，1980年影印本，第639页）。

②本文涉及天文历法学相关的问题，只做文化哲学的阐述。

③《周易乾凿度》：“历以三百六十五日四分度之一为一岁。”（卷下）

④《易》产生、形成于原始社会晚期，笔者据河南濮阳西水坡出土的新石器时代古墓群M45中的龙虎蚌壳图推定（参看翟双萍《濮阳古墓“龙虎蚌壳图”与原始哲学思维》）。考古学家郑光先生亦有此说。

⑤引见《皇极经世观物外篇衍义》卷一（据文渊阁《四库全书》本）。

成的始源是原始天文历法，张氏此说，其中有两个意思：一是历时的三百六十六日，“三百六十余度”就是“三百六旬六日”的对解关系；二是与《易》中卦爻计日数的关系，这是《易》与远古天文历法具有先天关联的一个问题。

天文历法本身即可以认定在自然生态范畴之中。《周礼》设官，既与天文历法有关，自然不仅有理论依据，而且还有着逻辑关系。其实，《周礼》的理论依据就是《周髀算经》。《周髀算经》传世文本虽已残缺，但就记载西周天文历法问题的状况而言，还是可以知其梗概。前引贾公彦之说“周天有三百六十余度”云云，其实源于《周髀算经》。欲详知《周礼》设“天地”官与天文历法的源流关系以及与《周髀算经》的源流关系，有必要了解《周髀算经》这部文献的类属。宋陈振孙《直斋书录解题》说：

> 《周髀算经》二卷，《音义》一卷，题赵君卿注、甄鸾重述、李淳风等注释。周髀者，盖天之书也。称周公受之商高，而以句股为术，故曰“周髀”。《唐志》有赵婴、甄鸾注各一卷、李淳风释二卷，今曰“君卿”者，岂婴之字耶？《中兴书目》又云：君卿名爽，盖本《崇文总目》，然皆莫详时代；甄鸾者，后周司隶也。《音义》者，假承务郎李籍撰。[①]

今所见传本，无作者名氏，署“赵君卿注、甄鸾重述、李淳风等注释”，与陈振孙著录者相当。该书残本记载着有关原始天文历法等方面的内容，也有周公与商高问答天文历法问题。其中的“句股”说是此学渊薮，《四库全书简明目录》说：

> 是书为相传古本，莫知谁作。其算法为句股之祖，其推步即盖天之术，欧罗巴法，实从此出。注为赵爽作，《隋志》作赵婴，未详孰是。《音义》为李籍作。原本舛讹，今据《永乐

① 《直斋书录解题·历象类》卷十二（上海古籍出版社，1987年版，第363页）。

大典》所载宋本，补脱字一百四十七，改误字一百一十三，删衍字一十八，补图二。[①]

《周髀算经》成于何时固然不知，但在西周初年应是很重要的文献，不会有疑问。从文献所体现的文化观念看，与《周礼》大致相当，或者说，两者也比较接近。因此，《周礼》设“天地”官，本于天文历法，是自然生态观念的折射，它直接的文化基因就是《周髀算经》。而且，《周礼》中有专事天文历法的职官“冯相氏”和“保章氏”（详见第四章）。建立在这一认识的基础上，再看贾公彦的“三百六十余度”说，就不会是无本之木了。

在这里，主要讨论两方面的问题：一是年历，二是天圆地方。

（二）“统理万物”与“载养万物”

“象天”的“统理万物”与“象地”的“载养万物”，这一思想是建立在当时人类对天文历法认知的基础上。所谓“天文”可以对应《周礼》的“天”，所谓“历法”可以对应《周礼》的“地”。当然，天文历法是互相兼容的关系。

贾氏所说虽不能从《周礼》设官中一一对解，但我们认为贾氏之说的正确性就在于他认识到其中的文化观念这一深层次的问题。

《周髀算经》卷上之三载曰：

节六月为百八十二日八分日之五。

这里所说的“节六月为百八十二日八分日之五”，即把十二个月节为二，是半年时间。半年之间，按天计算是“一百八十二日零八分日之五”，即如北周甄鸾所说：

求七衡周而六间，以当六月。节六月为一百八十二日八分日之五，此为半岁也。列周天三百六十五日四分日之一，通

①据《四库全书·子部六·天文算法类》

分内子，得一千四百六十一为实，倍分母四为八，除实得半岁一百八十二日八分日之五也。

故曰，一岁三百六十五日四分日之一。一岁：一内极，一外极。①

这里所论者，即是天文，也是历法，两者互相兼容。此所引述，固然是所传残文，据四库馆臣说，此书最早记载勾股定理，也是最早记载西周天文历法的文献，集成了殷商甚至更早的天文之术。《隋书》卷十九《考证》：

《天文志》上："其所传则周公受于殷商。"召南按：《周髀算经》本文，周公问于商高云云，则其人姓商名高，通于数学。据《晋志》及此《志》，则殷时早有《周髀》之术，而所谓商高者，似即殷商之后，能传其术者耳。②

此说不谬，《周髀算经》记载西周事象，并非空穴来风，而是渊源有自，必然有长时间的演变过程。质言之，《周髀算经》中的天文历法与自然生态的认知是延续了夏、商、周原始阶段，即史称"三代"时期的文化观念。就今天所知的考古和文献记载，原始社会的新石器时代的华夏人类已经有了自然生态观，而且在这一观念指导下完成了天文历法之术的建构。"周天有三百六十余度"还关涉"闰月"的问题。贾公彦解释"象天"说为"周天有三百六十余度"，正是本于《周髀算经》对"天地"自然生态的认识、推算，暗含着"闰月"的内容。"三代"以前先民圣贤已经推算出两年有一次闰月的历法现象，在《尚书·虞书·尧典》中就有类似的记载：

帝曰：咨，汝羲暨和，朞三百有六旬有六日以闰月，定四时，成岁。③

①上引《周髀算经》诸文皆据文渊阁《四库全书》本。

②据文渊阁《四库全书》本。

③据《十三经注疏》本《尚书正义》卷三（中华书局，1980年影印本，第119页）。

孔传解释曰：

> ……一岁十二月，月三十日，正三百六十日，除小月六，为六日，是为一岁有余十二日，未盈三岁，足得一月，则置闰焉。以定四时之气，节成一岁之历象。[①]

贾公彦“三百六十余度”云云，自然不是无稽之谈，我们也没有必要怀疑《尚书》记载的准确性[②]。“三百六十余度”是天的日夜运行周期，属于天文学，同时也属于历法。“三百有六旬有六日以闰月”是根据天的日夜运行周期、演进规则推算出来的，又属于历法学。而且，在尧、舜时代已经比较明确当地计算出日历、月历和年历以及与“闰月”的关系，这在世界天文历法史上也是最先进的。西周初年的天文历法，正是延续着“三代”以来的天文历法。《周礼》本着自然生态的运行规则而设官，其中包含的天文历法观念是不能忽视的。

晚期原始天文历法的形成，是学术界关注的问题，发表的论著很多。我们要强调的是：天文历法是早期华夏人类认识“天地”及其变化、运行规律之后逐渐完成的，自然生态观念是天文历法之学不断发展、完善的基础。明万民英《三命通会·原造化之始》说：

> 夫天地未立，道本天地。天地既立，则太极之理，散在万事，由是而五行生焉……[③]

此说在推求物质世界“造化”之源，从中可以启发我们认识《周礼》设“天地”官的用心：顺应“天地”物质世界造化的始源法则。

“天圆地方”是先民直观认识“天地”形体，总结出的一个“象喻”理论。在这一认知的基础上发展为数字理论，在数字理论的基础上发展为天文历法理论，这些都是以自然生态物质为基础，是自然生态观念的总体反映。从“三礼”设“礼”祭祀，祭祀必有祭祀之器的记载看，

---

①据《十三经注疏》本《尚书正义》卷三（中华书局，1980年影印本，第119页）。

②今传《古文尚书》的真伪是有争议的，但并不等于其中所有的内容都是假的。

③据《四库全书》本卷一。

其中不少关于“天圆地方”的解释，与《周礼》设“天地”官的文化基因是相同的。《周礼·春官·大宗伯》载：“以苍璧礼天，以黄琮礼地……礼神者，必象其类。璧圜，象天；琮八方，象地……”[①]所说的用苍璧这一器物礼天，是因为苍璧“璧圜，象天”；用黄琮这一器物礼地，是因为黄琮是八角方，故曰“琮八方，象地”，即所谓“礼神者，必象其类”。这里恰好表述了“天圆地方”的认知思维形态是“象喻”。又《仪礼·聘礼》载：“所以朝天子，圭与缫皆九寸，剡上寸半，厚半寸……”郑玄注：“圭所执，以为瑞节也。剡，上象天圆地方也。”[②] 贾公彦疏曰：

> 云“剡上象天圆地方也”者，下不剡，象地方，上剡象天圜……[③]

这是典型的“象喻”理论和“数字”理论。“象喻”与“数字”在《周易》解构的学术史上得到了充分的阐释。《周礼》设官隐含着“象喻”和“数字”理论，是《周易》文化的外延，两者的共性就在于都是以自然生态为本体，其中的天文历法也应该作如是观。从清人李光地《周易通论·论参天两地倚数》中可知“象喻”“数字”理论是建立在对自然生态秩序认知基础上完成的，并创造了天文历法之学：

> 天一地二者，数之本也，而曰参天两地而倚数，何也？曰：此《河图》《洛书》所以相为表里也。盖以理言之，天之数常兼乎地之数，故以天一并地二而为三也。以算言之，一一相乘，其数不行。二二而后有四，三三而后有九，故天数起于三，地数起于二也。以象言之，天圆地方。凡圆者，皆以三而成，故设三点于此，无论疏密、斜正，求其交会之心而规运之，皆可作圆也；方者，皆以二而成，故设二点于此，亦无论疏密、斜正，直其折连之角而矩度之，皆可作方也。三者殊途

---

①据《十三经注疏》本《周礼注疏》卷十八（中华书局，1980年影印本，第762页）。
②③据《十三经注疏》本《仪礼注疏》卷二十四（中华书局，1980年版，第1072页）。

同归，皆会于中极之五数，何则？天三地二，合之则五，此所谓阴阳之会，天地之心也。[①]

上文，李光地是以“象数学”[②]理论解释《周易》的“天地”与“象”“数”关系。

所谓的“象喻”与“数字”是《周易》“象数”理论的重要学术体系，它是以“数”为“象”，“象”即是“卦象”。换言之，在《周易》体系中，卦“象”是由“数”构成，“数”则是“象”的构件；以“卦象”喻理，即“象数”中蕴含着社会、人生的道理。“卦象”和“数”与预示的社会、人生之理是“类比”[③]关系——这样的理论体系。它的起源是远古先民对于“天地”自然生态的认识，引入对天文历法的建构、解释、阐述甚至定位，都具有一定的科学因素。《周礼》设“天地”官，既隐含着“象喻”，又包含着基于“数理”而发展出来的天文历法，“象喻”理论就成为“天圆地方”之说与“象数”“天文历法”的桥梁，也成为解说“天地”运行规律的理论核心。《周礼》设“天地”官，郑玄作“象天”“象地”解。“象天”就是“象天圆”；“象地”，就是“象地方”。其实，远古天文历法中“天圆地方”理论，其有渊源，亦可疑乎？

原始天文历法之学，盖有三家之说。《晋书·天文志·天体》云：“古言天者有三家：一曰盖天，二曰宣夜，三曰浑天。”[④]宣夜说失传，唯盖天、浑天两说有记载。“盖天”说即《周髀算经》记载着晚期原始[⑤]社会以来，华夏先民对“天地”的认知和解释：

商高曰……方属地，圆属天，天圆地方……方数为典，以

①据文渊阁《四库全书》本卷四。

②《周易》的“象数”理论是《易》学的重要理论支柱，而东汉末王弼提出了“得义而忘象”，始建立“义理”之学。

③30年前，笔者曾提出了《周易》卦爻辞与卦义的“类比联想”关系这一观点。

④按，说本蔡邕《天文志》，但此志久佚，此残文为后世广为引述。

⑤河南濮阳西水坡出土的原始古墓45号墓，按照冯时的考察即反映了“盖天”说，甚是。

方出圆，笠以写天，天青黑，地黄赤。天数之为笠也，青黑为表，丹黄为里，以象天地之位。[①]

这是商高就周公问天地形体所作的回答，是延续了据传为包牺（即伏羲）所撰的《周天历度》的认知，也反映了周人对天地形体的认识。周人仍然坚守“天圆地方”观念。

原始天文历法与《易》具有先天的亲缘关系，此问题是古代经学家研究《易》每有涉猎的范畴，也是研究天文历法所不能回避的。需要说明的是，贾公彦对解“象天”所说的“周天有三百六十余度”确是天文历法概念。《周礼》“天官”设制基于哲学思维“天地”观念完成，而且在文化共生的思维形态中氤氲着天文历法之学。贾公彦的解释自然是正确的，有大量的历史文献记载给予证明。

“天圆地方”的天文历法之学，虽已失传，但后人的考证、阐述并非没有根据，《尚书·虞书·舜典》孔颖达疏文引虞喜[②]云：

……周髀之术，以为天似覆盆，盖以斗极为中。中高而四边下，日月旁行，绕之，日近而见之，为昼；日远而不见，为夜……[③]

这是就“盖天说”对天体形态记载的叙述。天象覆盆，中有斗极，中间高，四边低，日月绕旁而行。日近，人的目力可见是白天；日远，不能见是夜晚。

明王英明《历体略·天体地形》说：

……人处地球，以天顶而分有东、西、南、北，亦界为三百六十余度，以期合于天行。东、西谓之经，南、北谓之纬。求经度者，于赤道上测之；求纬度者，于子午线测之……[④]

---

①《周髀算经》卷上之一。

②虞喜，字仲宁，晋代会稽余姚（今浙江）人。

③据《十三经注疏》本《尚书正义》卷三（中华书局，1980年影印本，第126~127页）。

④文渊阁《四库全书》本卷上。

这是后世引申性的解释，恰恰契合《周礼》设官的文化思维，进一步证明了《周礼》设官以自然生态观为主导。

天文历法是人类在长期认识自然生态环境过程中积累和总结的知识和学问。“天文”是自然形态，“历法”是对天文自然形态运行规律的概括。没有对自然生态的认知，就不会有天文历法的产生。

本章考察、讨论了《周礼》“天地官”涉及的几个学术问题：一是《周易》与远古天文历法关系的问题；二是《周礼》设官的天文历法问题；三是《周礼》设官的自然生态观问题。虽不敢言密，其兢兢焉可知也，亦望专家指正。

第二章

《周礼》『四季官』分制的自然生态观

春、夏、秋、冬四季概念用于《周礼》，对不同官制设立的依据是什么呢？这个问题历史上东汉郑玄作了解说，后人又有一定的发挥。但无论怎样发挥，都不出郑玄解说的范围，从而为今天继续研究这个问题，留下了虽然简单但很重要的文献。

前文，我们考察了“天地”之官在《周礼》中设制的自然生态观念所具有的作用和意义。至少在原始社会中期（中石器时代），华夏人类已经具备能动地创造物质文化和继续创造文化的智慧。此时，华夏人类文化心理虽积淀着原始的“物我混同”观念，但与物类的长期接触和对自然物质的利用，已经形成了与物质世界中物类对象化关系的认识，“天地”作为物质形态的认知也形成了——这是人类创造文化和不断地创造文化的标志（是人类区别于高级灵长目动物的类本质条件），也是人类区别于动物类属的“类本质”。认识自然物质世界是人类创造文化和继续创造文化所必需的，不断地“自然人化”是“人”类本质最重要的标志。

“自然人化”是人类文化创造的总和，“制度文化”是这一文化总和的分支。《周礼》是记载上古时期（不仅仅是西周）“制度文化”独一无二的文献，其中的“四季”官设，又为后世研究其中的自然生态观念提供了巨大的空间。

本章将从《周礼》设“四季官”的文化背景和生态观念两个切入点讨论。

一、《周礼》设“四季官”的文化背景

对天地开辟和四季分别的认知，正是原始人类认识物质世界的伟大创造——它不仅是文化，而且是人类发展史中最重要的文化创造之一。原始社会晚期，四季判别是历法产生的标志，和原始天文学是互为因果的关系。早期人类认识了天地开辟，认识了四季判别，都是从认识自然生态这一最基本点上开始的。人们承认“天地”是自然物质形态，就不能否认春、夏、秋、冬四季的自然物质属性。

《周礼》以四季名官，当然综合了天文历法的知识和内容，是一种“仿生态思维”。因此，《周礼》设立四季之官，与自然生态秩序观念就具有必然的文化亲缘关系，而且《周礼》的四季官制，最重视的是对四季分别这种自然生态秩序的认知。

春、夏、秋、冬四季之分，与原始历法和原始社会神话有着诸多的联系。春，对应着神话偶像“句芒”；夏，对应着神话偶像“祝融”或“后土”；秋，对应着神话偶像“蓐收”；冬，对应着神话偶像“玄冥”。这些对应着季节的神话偶像同时也对应着四个空间方位，即东、南、西、北[①]。因此，这四个神话偶像也是记录天文学的符号，夏、商、周三代产生的天文律历之书便沿用了神话时代记历的名义。其中不乏原始宗教伦理观念，或者说，三代历法仍存在着原始宗教内容。原始宗教的形成是建立在早期华夏人类对自然物质形态认知基础之上的。《礼记·曲礼下》：

天子祭天地，祭四方，祭山川，祭五祀，岁遍。[②]

①先秦文献《礼记》中有着诸多记载，以《月令》为最。又《吕氏春秋》中亦多有记载，所记者与《月令》同，或《吕览》袭《月令》文。

②据《十三经注疏》本《礼记正义》卷五（中华书局，1980年影印本，第1268页）。

郑玄注曰：

祭四方，谓祭五官之神于四郊也。句芒在东，祝融、后土在南，蓐收在西，玄冥在北。[①]

不难看出，其中隐含着早期华夏人类所奉行的宗教伦理下的自然生态观。"祭天地，祭四方，祭山川"是宗教行为，祭祀对象却属于自然生态范畴。而且，按照郑玄注，祭祀"五官之神"的"句芒、祝融、后土、蓐收、玄冥"本身就内含着很深厚的自然生态观念。或者说，五个名义本身就是本于自然生态而确定的，因为它们对应着木、火、土、金、水五行，这是谁都不能否认的。据此可见，在西周时代，祭祀四方，对应着五个神话时代形成的"神"的名义，祭祀四季同样有五个神话时代"神"的名义。一如前述，五个神话时代"神"的名义本身就显示着突出的自然生态观念。《礼记》《吕氏春秋》等先秦文献中有着这方面广泛的记载。《周礼》以春、夏、秋、冬为设官名义，自然有着深厚的原始文化积淀。与"天地"官设一样，其中最可重视的是仿生态伦理观念和宗教伦理，它构成了《周礼》设官取义最重要的文化延续。以下就《周礼》春、夏、秋、冬设官的文化背景做必要的考察。

《周礼》设"天地官"是取义于当时的天文历法，而深层次的缘由是原始文化延续和自然生态意识，与《周礼》设"四季官"亦是同样的文化基因。

（一）《周礼》"四季官"与原始宗教的神祇偶像关系

《左传》昭公二十九年晋国史官蔡墨对答魏献子问，记载着原始社会晚期有"五行之官"的官制，其中涉及"四季"对应的神祇偶像，其文曰：

夫物，物有其官，官修其方，朝夕思之。一日失职，则死及之。失官不食，官宿其业，其物乃至。若泯弃之，物乃坻

①据《十三经注疏》本《礼记正义》卷五（中华书局，1980年影印本，第1268页）。

伏，郁湮不育，故有五行之官，是谓五官。实列受氏姓，封为上公，祀为贵神。社稷五祀，是尊是奉。木正曰句芒，火正曰祝融，金正曰蓐收，水正曰玄冥，土正曰后土……①

蔡墨此语，是今所见最早记载“五行之官”守职、疏职与物质得失的关系，以及“五官”对应的神祇、神祇接受的享祀、神祇的物质属性等内容的文献。

所说的“五行之官”，不仅有具体的“五官”名义，而且，还对应着“木、火、金、水、土”等“五官”的属性。这里，虽未见“五官”与季节关系的记载，但事实上，季节暗含其中。需要说明的是，原始社会晚期，季节分为五，即“春、夏、秋、冬、中”，与顺应“五行”有关。“三代”时期，各部族自修律历，各颁正朔。到西周时期，定为“周历”，分称“四季”。“四季”历度，大约在《周易》时代的“先周”时期完成的，也只是在周部族中实施。《周礼》设“四季官”，应是遵循这一历度法则实行的。

“四季”之官即是“句芒、祝融、蓐收、玄冥”——都对应着一个具体的神祇偶像，同时也是上古历法的名义。要强调的是，《左传》蔡墨所说的“五行之官”在西周和西周以后已经简化为“四行之官”。从原始的“五行之官”到西周简化为“四行之官”，体现在《周礼》的设官之上则是“春、夏、秋、冬”的“四季之官”，其中最深层的变化是上古历法的完善。“五行之官”是“木、火、金、水、土”，而“四行之官”便是“木、火、金、水”。《周礼》的“四季官”对应的就是“木、火、金、水”。这里显示了一个最突出的特点是自然物质形态。这种自然物质形态内涵是物候与气象的差异。这几个名义在蔡墨的述说中已经显示着神祇偶像的突出特征。在《礼记·月令》和《吕氏春秋》中仍然把神祇偶像与历法之式集合在一起，《吕氏春秋·孟春纪·正月纪》：

①据《十三经注疏》本《春秋左传注疏》卷五十三（中华书局，1980年影印本，第2123页）。

> 孟春之月，日在营室，昏参中，旦尾中。其日甲乙。其帝太皞。其神句芒。[①]

这里记载的是月令（即历法）中的春季，与《礼记·月令》中所记此事基本相同。主旨是记历，而关涉的名义却不限于此。所说的"日在营室，昏参中，旦尾中。其日甲乙"都是天文学知识，可参看陈奇猷先生的校释，此不赘复。"太皞"亦作"太昊"，东汉高诱注"太皞"，即是"伏羲"。高诱注曰："太皞，伏羲氏以木德王天下之号，死，祀于东方，为木德之帝。"[②]按照高诱之说，"太皞"是"伏羲"尊"木德"而成为部族首领所确定的"号"，其中又隐含着部族"图腾"[③]问题。所说"其神句芒"，是神祇，属于原始宗教的范畴。"句芒"对应着"春季"，是《周礼》设"春官"最原始的文化参照。

又，《孟夏纪·四月纪》载：

> 孟夏之月，日在毕，昏翼中，旦婺女中。其日丙丁。其帝炎帝。其神祝融。[④]

这里记载的是月令中的夏季，与《礼记·月令》中所记此事基本相同。所记"孟夏之月，日在毕，昏翼中，旦婺女中。其日丙丁"，属于天文学知识。陈奇猷先生也有具体的注释，此不赘复。这里所记的"炎帝"，情况比较复杂，比如历史上所说的"姜氏""神农氏""历山氏""烈山氏""朱襄氏"等氏姓都与"炎帝"有关，我们不具体讨论。有一个史实大抵可以肯定，即"炎帝"部族是以"火"为图腾的——学术界有着比较一致的看法[⑤]。所说的"其神祝融"，是神祇，属于原始宗教范畴。"祝融"对应着"夏季"，是《周礼》设"夏官"

①据陈奇猷《吕氏春秋校释》卷一（学林出版社，1984年版，第1页）。

②据文渊阁《四库全书》本卷一。

③此问题，周延良著《夏商周原始文化要论》第174~247页有专论（学苑出版社，2004年版）。

④据陈奇猷《吕氏春秋校释》卷四（学林出版社，1984年版，第185页）。

⑤这一问题，笔者近十几年来，在国内外（国外，主要指日本和新加坡）参加了多次学术会，也在国内多所大学做过讲座，是有发言权的。

最原始的文化参照。

又，《孟秋纪·七月纪》载：

> 孟秋之月，日在翼，昏斗中，旦毕中。其日庚辛。其帝少皞。其神蓐收。[①]

“孟秋之月，日在翼，昏斗中，旦毕中。其日庚辛”是记天文，陈奇猷先生校释甚为详备，可参看。“其日庚辛。其帝少皞”，中涉图腾，高诱注曰：“庚辛，金日也。少皞，帝喾之子挚兄也，以金德王天下，号为金天氏。死，配金，为西方金德之帝。”这里隐含着图腾之义——“金”是“少皞”（或作“少昊”）部族的图腾（图腾物，可以是有生物，也可以是无生物）。所说的“其神蓐收”，是神祇，属于原始宗教范畴。“蓐收”对应着“秋季”，是《周礼》设“秋官”最原始的文化参照。

又，《孟冬纪·十月纪》载：

> 孟冬之月，日在尾，昏危中，旦七星中。其日壬癸。其帝颛项。其神玄冥。[②]

“孟冬之月，日在尾，昏危中，旦七星中”是记天文，陈奇猷先生校释详备，可参看。“其日壬癸”，高诱注曰：“壬癸，水日。”“水”是颛项部族的图腾。“其神玄冥”，高诱注曰：“颛项……以水德王天下，号汤氏。死，祀为北方，水德之帝。玄冥，官也。少皞氏之子曰修，为玄冥师，死祀为水神。”是神祇，属于原始宗教范畴。“玄冥”对应着“冬季”，是《周礼》设“冬官”最原始的文化参照。

《礼记·月令》记载月令，早于《吕氏春秋》，因为要引高诱注，故未用《礼记》文。《礼记·月令》或《吕氏春秋》中月令的共性是

①据陈奇猷《吕氏春秋校释》卷七（学林出版社，1984年版，第375页）。按，陈氏之文与《四库》本、《礼记·月令》等多异。《诸子集成》本第六册《吕氏春秋》为清毕沅校，此文，陈氏从毕校本（见《诸子集成》第六册，第65页），今从陈氏本。

②据陈奇猷《吕氏春秋校释》卷十（学林出版社，1984年版，第515页）。

"四季"制，引申设官便是"四官"制，这正显示了西周以后律历定型的特点。当然，应该说明的是，说"孟冬"是"夏历"的"十月"，高诱注曰："孟冬，夏之十月……"宋郑樵另有说，可备为参考。郑樵《六经奥论·周礼》曰：

> 《周礼》孟春、季春、中夏、中秋、中冬，如《山虞》"仲冬斩阳木"，皆"周正"也。一作"夏正"，有辨以为春、夏、秋、冬皆一"夏正"，而四时未尝改，岂有《周礼》不改四时，夫子作《春秋》从而改之乎？[①]

郑樵认为，《周礼》中涉及记历是"周历"，当然，这不是我们考察的主要问题，只是把它提出来，以为明哲辨之。

按照以上的考察，可以用以下例式来概括这种文化关系内涵：季节——天文——图腾——神祇——自然生态观。其中的终极祈向是建立在自然生态认知的基础上追求"事功"完美。贾公彦《周礼注疏序》说：

> 少皞以前，天下之号象其德，百官之号象其征。颛顼以来，天下之号因其地，百官之号因其事……[②]

以上涉及的记历，自是颛顼以后延续的文化观念。这里所说的"百官之号因其事"即是指《周礼》设"四季官"的"事功"。"事功"是西周设官的一个重要指向，而这一指向的基础就是自然生态条件。换言之，官员的"事功"是否符合要求，以自然生态内容作为先决条件——《周礼》设"四季官"的"事功"祈向是建立在自然生态基础上。它从原始"物我混同"进化为"物（自然生态）我（人类本身）和合"，成为《周礼》设"四季官"的文化渊源。

①据文渊阁《四库全书》本卷四。按，《六经奥论》署为郑樵，史有别议。
②据《十三经注疏》本《周礼注疏》（中华书局，1980年版，第633页）。

（二）《周礼》"四季官"与《周易》"四象"的关系

"春、夏、秋、冬"四季的名称是什么时候形成的？现在并没有确定的史料证明。但在原始社会中期以后，华夏人类已经完成了对"季节"的认识——这不是很难解释的问题，最重要的史实是原始农耕文明的形成。原始农耕文明的形成，首先是原始历法的产生，考古学家从河姆渡原始文化遗址中发掘了大量的碳化稻谷壳遗存（当然不限于河姆渡），距今约七千年。考古学证明这些碳化的稻谷不是野生，是人工种植的。当时的人类如果不是凭借着历法（季节）种稻，那是不可想象的。唐房玄龄等编《晋书》，在《天文志》中说，包牺时代已有《周天历度》，《周髀算经》就是根据所传《周天历度》增改而成的。这种记载虽然仍在疑、是之间，但结合近几年学术界有人根据出土的文化遗址和相关文物的研究提出的"黄帝历""颛顼历"等等，并非无稽之谈。从《易》学的角度推测，《连山易》的产生是远古天文历法形成的标志，与"夏历"（夏人历法）有关，《归藏易》与"商历"有关，《周易》与"周历"有关——这是一个没有争议的学术问题。我们可以从《周髀算经》中看到《周易》与天文历法的联系。那么，《周易》形成以后，产生了专为解释《周易》的文字，便是历史上所说的《十翼》[①]。不管《十翼》为何人所作，《十翼》与《周易》是不可分割的整体，有着完整的文化系统关联。

关于《周礼》设"四季官"这个问题，还需要考察的是《周易》"四象"与《周礼》"四季官"的内在恰合点，从而辨识《周礼》设"四季官"的哲学背景。

《吕氏春秋》记载远古时期"四季"有"象"，但它是"四季"物候气象与神祇偶像的对应关系；《周易》中也有"四季"之"象"，而它是"四季"物候气象与《易》中八卦之象的对应关系，是《周礼》

①根据历史文献的记载，《十翼》为孔子所做，但近人多质疑之，至今未有定论。

"四季"之官的哲学背景。《周易·系辞上》说：

> 两仪生四象，四象生八卦……是故，法象莫大乎天地，变通莫大乎四时。[①]

这里是把"八卦"的产生定位在自然物候气象上，"两仪"的生态实体是"天地"，它的属性是"阴阳"。"四象"本"两仪"衍生，"四象"就是"四季"。而"四季"是"天地"的派生物，天地有"阴阳"的属性，"四象"或"四季"也有阴阳的属性。所说的"法象"是指遵循物候气象运行法则，最大的生态条件是天地；"变通"是指物候气象的变化汇通，即变化汇通最大的生态环境是一个周期的四时（四季）。

《系辞》是从哲思的基点上论说"八卦"卦象的产生，但客观地反映了上古人类对自然生态的认识和理解。"四季"的分界所依据的也是自然生态，所谓"阴阳相推而生四象"[②]。而且，在解释《系辞》"四象"说中，古人也把它与具体物象构成对应关系，这就与神祇偶像有了深层的联系。宋王应麟辑佚《〈周易〉郑康成注·系辞》载：

> 四象布六于北方以象水，布八于东方以象木，布九于西方以象金，布七于南方以象火。[③]

此说"四象布六于北方以象水"，相对应的是"北方"和"水"，其中暗含着"冬"；"布八于东方以象木"，相对应的是"东方"和"木"，其中暗含着"春"；"布九于西方以象金"，相对应的是"西方"和"秋"；"布七于南方以象火"，相对应的是"南方"和"夏"——此中"四象"明确指称的是方位和方位对应的物质（即"五行"中的"四行"），其中的物质"四行"属性与四季是完全相合的。而且，它反映的是"四季"循环关系，即"水"生"木"，"木"生

①据《十三经注疏》本《周易正义》卷七（中华书局，1980年影印本，第82页）。
②按，《子夏易传》语。《子夏易传》有后人附议的内容，这里只用其理，而不涉时代的真伪。
③据文渊阁《四库全书》本。

“火”，“火”生“金”，“金”生“水”这样的回环往复，永不休止的循环链。现代的哲学史家把这一历史文化现象称之为“循环论”。中国古人建立在自然生态观基础上形成的理论，最为重要的是确立了“万物兴衰”定律，《周礼》设“四季官”也是以“万物兴衰”定律为思维基础。先哲董仲舒在《春秋繁露·四时之副》中说：

> 天之道，春暖以生，夏暑以养，秋凉以杀，冬寒以藏。暖、暑、清、寒，异气而同功，皆天之所以成岁也。圣人副天之所行以为政，故以庆副暖而当春，以赏副暑而当夏，以罚副凉而当秋，以刑副寒而当冬。庆、赏、罚、刑，异事而同功，皆王者之所以成德也。庆、赏、罚、刑与春、夏、秋、冬，以类相应也，如合符，故曰王者配天，谓其道。天有四时，王有四政，四政若四时，通类也，天人所同有也。庆为春，赏为夏，罚为秋，刑为冬，庆、赏、罚、刑之不可不具也，如春、夏、秋、冬，不可不备也。庆、赏、罚、刑当其处，不可不发，若暖、暑、清、寒当其时，不可不出也。庆、赏、罚、刑各有正处，如春、夏、秋、冬各有时也。四政者，不可以相干也，犹四时不可相干也；四政者，不可以易处也，犹四时不可易处也。故庆、赏、罚、刑有不行于其正处者，《春秋》讥也。[①]

董仲舒从自然生态论及自然生态与政治生态的关系，恰当地证明了《周礼》设“四季官”的社会学意义。

所说“天之道，春暖以生，夏暑以养，秋凉以杀，冬寒以藏。暖、暑、清、寒，异气而同功，皆天之所以成岁”，论述四季的物候气象特征，四种物候气象的回环，构成一岁的生态环境条件和关系——“春暖以生”。“暖”和“生”对应，是生态环境中的一种关系和条件，也

①据明程荣编《汉魏丛书》本《春秋繁露》卷十三（吉林大学出版社，1992年，第135页）。

是"春"的物候气象特征;"夏暑以养","暑"和"养"对应,是生态环境中的一种关系和条件,也是"夏"的物候气象特征;"秋凉以杀","凉"和"杀"对应,是生态环境关系和条件,也是"秋"的物候气象特征;"冬寒以藏","寒"和"藏"对应,是生态环境关系和条件,也是"冬"的物候气象特征。四者气象有别,但都是构成"一岁"的要素,都是生态环境中的对应关系和条件。

所说"圣人副天之所行以为政,故以庆副暖而当春,以赏副暑而当夏,以罚副凉而当秋,以刑副寒而当冬。庆、赏、罚、刑,异事而同功,皆王者之所以成德",这里,是由物候气象特征延伸"为政"。"为政"是"行政施治",即所谓的"政治"。以此所说,政治就应该"副天之所行"——符合自然环境,以"四季"物候气象特征为别,建立行政施治的基本法则:"以庆副暖而当春","庆"与"暖"对应,是人类行为"庆"和生态特点"暖"的恰合,"典祀"正符合"春"的物候气象法则;"以赏副暑而当夏","赏"与"暑"对应,是人类行为"赏"和生态特点"暑"的恰合,"赏赐"符合"夏"的物候气象法则;"以罚副凉而当秋","罚"与"凉"对应,是人类行为"罚"和生态特点"凉"的恰合,"罚罪"符合"秋"的物候气象法则;"以刑副寒而当冬","刑"与"寒"对应,是人类行为"刑"和生态特点"寒"的恰合,"刑杀"符合"冬"的物候气象法则。

这样的行政施治,正是"天人合一"观念的产物——"天"所指称的是自然生态,"人"是自然生态环境中的主体之一。人类施政,就应该符合自然生态环境的运行法则,"庆、赏、罚、刑各有正处,如春、夏、秋、冬各有时也。四政者,不可以相干也,犹四时不可相干也;四政者,不可以易处也,犹四时不可易处",正所谓"庆、赏、罚、刑与春、夏、秋、冬,以类相应也"。

西周时代,行政施治的牢固观念之一就是遵守天时,顺应自然。董仲舒恰当地论证了《周礼》设"四季官"文化心理所在。

北宋刘牧说“天地自然之数，非人智所能造也”[①]。所谓“天地自然之数”其实就是天地自然的运行规律与法则，古代人类在漫长的生存实践中，依据自然运行法则用数理方式记载和描述“天文”“地象”——《周易》是这样产生的，“天文”也是这样产生的。在先民看来，“天之文”与“地之象”回环往复，盈虚消长，必须对应契合。“天”有数理，“地”有象征，“数理”与“象征”是交感汇通的，“人”必须遵守天地的交感汇通法则。

宋张栻《南轩易说》说《系辞上》：

> 夫天地自然之数，盈虚消息，往来不停，变化虽妙，而数有以成之……可以历数，推而迎之者，此天地之数，有以成其变化也……若其神句芒，其神祝融，其神蓐收，其神玄冥，各司其时，各治其职者，此天地之数有以行鬼神也。[②]

顺应和遵循自然盈虚消长的“数”是《周礼》设“四季官”最根本的文化基础，庶物繁茂，生民阜安是终极祈向。《周髀算经》说：“凡日月运行，四极之道。”认为“日月运行”体现一岁四季变化是“道”——永恒的法则。汉赵君卿注《周髀算经》“四和”[③]说：“天地之所合，四时之所交，风雨之所会，阴阳之所和，然则百物阜安，草木蕃庶，故曰四和。”[④]“四时和”是期望，“百物阜安，草木蕃庶”是追求。宋刘彝《周礼中义》曰：“天覆也，地载也，非四时之和则不能生成万物”[⑤]，四时和才能生成万物，这不仅是古人牢固的认识，也是永恒不变的自然规律。

---

①语见《易数钩隐图·遗论九事》（据文渊阁《四库全书》本）。

②据文渊阁《四库全书》本卷一。

③四季和谐，正常运行。

④据文渊阁《四库全书》本卷下之一。

⑤据文渊阁《四库全书》本明王志长《周礼注疏删翼》卷十一引。按，《周礼中义》，宋刘彝撰，《经义考》引蒋垣曰：“刘彝，字执中，福州怀安人，从胡瑗学。著《洪范解》《周礼中义》《七经中义》《古礼经传续通解》。”（卷九十五）按，刘彝事迹俱载《宋史》本传，所著《周礼中义》佚。

二、《周礼》“四季官”的生态观

（一）关于“春官”

《周礼·春官·大宗伯》曰：“乃立春官宗伯，使帅其属而掌邦礼，以佐王，和邦国。”[①]“春官”中的最高长官是“大宗伯”，此所谓“春官宗伯”即“大宗伯”，此官的重要职责之一便是“佐王，和邦国”。“春”主“和”，是“春”的气象属性。“和”恰合实施典祀，“宗”为“典祀”之义[②]，宗伯主典祀，在于通过典祀达到教化的目的。人，只有接受教化，才有可能遵守社会秩序。人们遵守社会秩序，邦国才能和合（稳定和谐），其功利指向就是邦国和合。这里，“春”的自然生态属性在于“和”。春天，物候气象和畅的生态环境，便有了“出生万物”的条件。宗伯主持典祀，祈请春神，达到“报本反始”的目的——这是上古时期典型的尊崇自然、感恩天赐的心理折射。唐贾公彦疏引《郑目录》云：

> 象春所立之官也……春者，出生万物。天子立宗伯，使掌邦礼，典礼以事神，为上亦所以使天下报本反始。[③]

从上文郑玄对“春官”的解说中，我们注意到两个判断：第一是“象春所立之官”，暗示着“春”与“春官”之间的恰合点使“出生万物”成为可能。“春官”“掌邦礼，典礼以事神”，祈祷出生万物，这是仿生态文化现象。所谓“春者，出生万物”，是人类对自然生态的认知，也是人类生存的物质需求。第二是基于宗教伦理的生存观念。所谓

①据《十三经注疏》本《周礼注疏》卷十七（中华书局，1980年版，第752页）

②宋王安石《周官新义·春官》：“宗，典祀者也。”（卷八）

③据《十三经注疏》本《周礼注疏》卷十七（中华书局，1980年影印本，第752页）。

"典礼以事神，为上亦所以使天下报本反始"，这里，"春"不仅是季节的标示，也是对应于季节的"神"，这个"神"就是"句芒"，"典礼以事神"自然也有"句芒"。《礼记·月令》载："孟春之月……其日甲乙，其帝大皞，其神句芒。"[①]祭祀"句芒"就是祭祀春神，祭祀春神是人类祈愿春"出生万物"、丰足人类的物质需求。宋刘彝《周礼中义》[②]说：

……四时者，所以左右天地，生成万物，正其性命者也，乃立春官。春者，纯阳之气，法春为德，赞乎天地者也。[③]

此文正确地认识并论说了《周礼》设立"春官"的生态伦理观。"春官"之设，反映了早期华夏人类的生态伦理观，"春"居"四时"之首，是"生成万物，正其性命"的生态环境。春天，阳气为纯正，遵循"春"的自然法则，可以感通"天地"——其中暗含着施教受化的内涵，宋王与之《周礼订义·春官·宗伯》引宋项安世[④]之说曰：

春官，以治教之始在于礼，象天地之化始于春。[⑤]

春天是万物化生的季节，其物候气象的属性为"和"，对人实施的教化，也应该在这样的自然生态环境下进行。人接受应有的教化，遵守社会秩序，达到"和"的境界，只有在合适的自然生态环境中完成，如项安世所说："治教之始在于礼，象天地之化始于春。"也就是说，施教的起点和方式是"礼"，达到如同"天地"运行一样有秩序的教化起点是春天。可见把建立社会教化和稳定秩序"礼"的实施放在春天，是对春天自然生态属性的认定，元毛应龙《周官集传·春官宗伯》说：

---

①据《十三经注疏》本《礼记正义》卷十四（中华书局，1980年影印本，第1352~1353页）。

②刘彝，见前注。

③元陈友仁重辑《周礼集说》引（据文渊阁《四库全书》本卷四）。

④《宋史·项安世传》："项安世，字平父，其先括苍人，后家江陵，淳熙二年进士。"（卷三百九十七）按，项安世著述以经学见长，所著《周易玩辞》十六卷、《项氏家说》十卷《附录》二卷，为《四库全书》著录。另有《毛诗前说》一卷、《周礼丘乘图说》一卷、《孝经说》一卷（见宋陈振孙《直斋书录解题》著录）。

⑤据文渊阁《四库全书》本卷二十九。

四时之和为春，礼之用在乎和，故掌礼之官谓之春官。[①]

认为，四时之和是春天，典礼的目的在于“和合”。因此，设春官是“掌礼之官”以达到“三才”的和合。明王志长《周礼注疏删翼》卷十一引邓元锡[②]之说：

……春官，何也？曰：春，天、地、人之所和同也。春，于天为德元，于令为人统，于地为广生，故天气下降，地气上升，产万物以成其为春……[③]

春天是天、地、人（三才）和同的季节。对于物候气象而言是一年之始，对于美好感受而言是人，对施与大地而言是万物化生，因为万物产生而长养，故谓之春天——这完全是对自然生态的描述，设春天之官，也应该具备“和同”万物一般的和同社会和社会秩序的生态环境。

（二）关于“夏官”

《周礼·夏官·司马》第四，唐贾公彦疏引《郑目录》云：

象夏所立之官。马者，武也，言为武者也。夏，整齐万物。天子立司马，共掌邦政，政可以平诸侯，正天下，故曰统六师，平邦国。[④]

郑玄此解依然采用了哲学意义上的象喻方式。“夏”与“夏官”之间存在着一个恰似点是“整齐”。“夏”作为季节是“整齐”，所及者是“万物”，就生物形态而言，夏天确是具备了总体上的“整齐”特点。《说文解字》所谓：“夏时，万物皆丁实”——“整齐”“丁实”都是对“万物”的形态描述。而“夏官”作为官职是“平”和“正”，

①据文渊阁《四库全书》本卷五。

②朱彝尊《经义考》卷五十五引高佑釲曰：“邓元锡，字汝极，江西新城人，嘉靖乙卯举人。以南昌守范涞，南国子祭酒赵用贤荐，遂以翰林院待诏征，自号潜谷，万历戊寅，绎《易》于廪山，既卒。学者私谥为‘文统先生’。”黄宗羲《明儒学案》有传。

③据文渊阁《四库全书》本卷十一。

④据《十三经注疏》本《周礼注疏》卷二十八（中华书局，1980年版，第830页）。

暗含着“整齐”之意，是对当时人类社会形态的描述，很显然它是从“夏”与“夏官”的象喻关系中引申出来而指涉社会的政治生态——它的思维基础依然是仿自然生态的。“整齐万物”是“夏”的自然生态特征，是“夏官”设制的依据，也是“夏官”司职的职权特征。

“万物整齐”的前提是“长养”，从“长养万物”达到“整齐万物”是“夏季”的物候气象特征。“夏”的物候气象特征是“暑热”，它的属性便是“火”。“火”对应的神祇是“祝融”，对应的《易》卦是“离”，“离”有甲胄兵戈之象。它的对应程式是：夏——暑——火——离——长养——整齐——祝融——兵戈——夏官。从前面的程式中可以看到两个逻辑关系构成：第一个是“夏——暑——火——离——长养——整齐”，是文化基因，体现着自然生态特征；第二个是“祝融——离——兵戈——夏官”，是文化增殖，是自然人化，即在文化基因的母体中经人类的思维与情感塑造而衍生出来。这两个逻辑关系并非毫不相干，而是有着一个牢固的恰似点：“火”或“暑”。“火”与“暑”具有“长养”和“整齐”的自然特征，是人类认定的结果。“祝融”“兵戈”和“夏官”是人类的文化产物。前引《左传》之文中“祝融”为“火正”即负责“火”或与“火”有关的事，与自然物质“火”的属性吻合；“离”属于《周易》八卦中的一卦，在《易》卦中，“离”属“火”。“离”的卦象是“☲”，明潘士藻《读易述》解《离》卦上九爻说：

> 九以阳居“离”体之极……兵，犹火也，夏官掌之，上在卦外，有出征之象。离为甲胄，为兵戈征之所资。[①]

此说是从“夏官”的最高长官“司马”结合“离”卦卦象分析，再从贾公彦说“马者，武也，言为武者也。夏，整齐万物。天子立司马”中引申出来的。所谓“九以阳居‘离’体之极”是就卦象立言，《易》卦中以“九”标示阳爻，“离”卦六爻中四爻为阳爻，均在“极”位。

①据文渊阁《四库全书》本卷五。

而且，“离”的本位卦或先天卦属性为“火”。兵火，古代并称，即由此引申出来。兵火是古代战争，“马”是武力的重要组成内容，“司马”之官联系着“火”，联系着“夏”。因此，宋冯椅《厚斋易学·易辑传》卷十七引张敬夫[①]说给出了解释：“《易》于‘离’有甲胄戈兵之象，而周六卿司马之职，则列于《夏官》，岂无为而然与？”[②]又，清吴鼎、梁锡玙纂修《御纂周易述义》更直接地说：“离为甲胄，为戈兵，故出征火属……兵，犹火也，夏官掌之，此之谓也。”[③]

“火”体现在人的感受上是“暑热”，体现在生物界便是“长养”。那么，《周礼》中“夏官”与“火”的内在联系不仅在于“暑热”可以“长养”，还在于从“正”引申到“整齐”是用“兵戈”来实现的。明柯尚迁《礼全经释原·夏官·司马》第四说：

> 官以夏为名，象夏也。《说文》云：“马，武也。”司马掌兵，言为武者也。夏，整齐万物，司马掌邦政，政者，正也，政所以平诸侯，正天下也。[④]

此说虽不免发挥，但总体论之，是正确地揭示了上古人类以自然生态为参照形成的政治思想。

（三）关于“秋官”

《周礼》专设“秋官”，同“春”“夏官”一样，与“秋”这一自然物候气象存在象喻点。“秋官”与“秋季”的象喻点是“肃杀聚敛”。

《周礼·秋官·司寇》第五，唐贾公彦疏引《郑目录》云：

> 象秋所立之官。寇，害也；秋者，遒也，如秋义，杀害收聚，敛藏于万物也。天子立司寇，使掌邦刑。刑者，所以驱耻

①张敬夫即张栻，敬夫，是其字，张浚之子。南宋著名理学家，号“南轩先生”，与朱熹交善。
②据文渊阁《四库全书》本引。
③据文渊阁《四库全书》本卷二。此书为乾隆朝敕命编纂，故有“御纂”云云。
④据文渊阁《四库全书》本卷九。

恶，纳人于善道也。[①]

郑玄的“秋官”解释方式与“春官”“夏官”无异。“秋官”与“秋”的象喻关系是“肃杀敛藏”。“肃杀敛藏”是“秋”的生态物质特征，设官用其义，是基于自然生态。

“秋官”的司寇如同今天所谓的“大法官”，是当时执掌刑法的最高长官。郑玄所说的“如秋义，杀害收聚，敛藏于万物”，是非常恰当地把“秋”与“秋官”两者之间的类比关系界定出来了——“肃杀聚敛”是“秋”的自然生态特征，是“秋官”取义的依据，也是“秋官”执掌的职权特征。据此，不难理解，设“秋官”的思维基础依然是仿自然生态。

秋天的自然物候特征是“寒凉”，就人的感受而言，“寒凉”的气候对植物的影响是凋落。在这种自然景观中，人类就会感受到“肃杀”之气。所以由“寒凉”而感受“肃杀”之气是因为阳气消退、阴气上升的结果。如《礼记·月令》孔颖达疏文说：“秋，阴气始著，严凝之时”[②]。这里，既明确了“寒凉”是“阴气始著”的缘故，也说明了它的气象特征是“严凝之时”即万物凋落之时——都是自然生态景象。

“杀害收聚，敛藏于万物”，是建立在上古时期农耕文明的自然物候的认知结果。“秋天”是收割和敛藏的季节，其中暗含着“肃杀”，而“阴气”是核心物象。

“秋官”中的最高长官是“司寇”，“司寇”主“刑杀”，它与“肃杀”的象喻点是“阴气”。“刑杀”和“肃杀”的共性特征是“阴气”，也可以说“刑杀”是从“肃杀”的自然物候中引申出来的。宋朱申《周礼句解·秋官司寇》第五，解题曰：

> 象秋所立之官也。秋，阴气肃杀之时，故立司寇掌刑禁之官，以应天道焉。[③]

①据《十三经注疏》本《周礼注疏》卷三十四（中华书局，1980年版，第867页）。
②据《十三经注疏》本《礼记注疏》卷十四（中华书局，1980年版，第1356页）。
③据文渊阁《四库全书》本卷九。

按照朱申的解释，《周礼》中设“秋官”是顺应天道。“秋官”中最高长官“司寇”的两个重要职责是“刑杀”和“监禁”，这两个职责是顺应“天道”的具体化。那么，所谓的“天道”就是“秋，阴气肃杀之时”。“秋官”之设仿自然生态已经显而易见了。

宋王昭禹《周礼详解·秋官司寇》有着更具体的解释，他曰：

>……司寇掌刑而属于秋官，以秋者天所以肃杀之时，于方，则为西之酉；于行，则为金之刚。而刑以义为主也，然刑官而司至于寇，则刑官之事，无不举矣。谓之司寇，其义如此。[①]

此说秋天的特征为肃杀，之后引入地支之义，引入五行之义，所谓“于方，则为西之酉；于行，则为金之刚”，按照古人的认识，都符合“秋”的物候特征，与司寇的职权范畴、特征也相吻合，从而证明，“秋官”之设仍是仿自然生态思维。

从古代文化的综合性角度认识，“秋”对应的神祇是“蓐收”，对应的方位是“西”，对应的地支是“酉”，对应的“五行”是“金”。

这些名义都与自然生态有着直接的关联：“秋”与“蓐收”的关联在于秋天是收获季节，“蓐收”就是收获的意思，《左传》昭公二十九年杜预注“金正曰蓐收”说：“秋物摧蓐而可收也”[②]；“秋”与“西”的关联在于秋天是一年第三季；“酉”在地支中列在第十，正是秋冬交替之位；“秋”与“金”关联在于“金”属“五行”第三位，与物候气象的关系是“秋”，今仍沿袭“金秋”一词，本出于此。可见，“秋官”之设，原本自然生态。

另，“秋”“秋官”与《易》卦的关联，其主体是“坤”卦，坤卦的卦象是“☷”，六爻皆“阴”，第一爻即“初六”。“初六”为秋之象，东汉马融说：“孟秋之月，阴气始著，而坤之位，同类相得。”[③]

---

①据文渊阁《四库全书》本卷三十。

②据《十三经注疏》本《春秋左传正义》卷五十三（中华书局，1980年版，第2123页）。

③唐李鼎祚《周易集解》卷二解“坤”卦之辞“东北丧朋，乃终有庆”引。

马融认为，“孟秋之月”是阴气开始上升，在《易》卦属“坤”。宋程迥《周易古占法·占说》说：“坤之初六配孟秋之月，阴始凝是也。”[①]其对解关系仍是自然生态。

从以上的考察中可知，《周礼》设“秋官”也是以自然生态为参照，是仿生态思维的产物。

（四）关于“冬官”

《周礼·冬官》于西汉初即佚，唐陆德明《三礼注解传述人》中说：“或曰河间献王开献书之路，时有李氏上《周官》五篇，失《冬官》一篇，乃购千金不得，取《考工记》以补之。”[②]根据现在所传文献，《冬官》是在刘歆校录图籍之时补以《考工记》。《冬官》亡佚可以无疑。今见《冬官》，是以《考工记》充之，但并不影响设“冬官”基于仿自然生态这一史实。除《郑目录》以外，后世的考证之文大都可以说明问题。

“冬官”与“司空”有着逻辑关系，两者的核心概念是“藏”或“闭藏”。“冬官”与自然生态的象喻关系是“寒冷”和“季节终结”，“冬官”职权与自然生态的象喻关系是“闭藏”。

《周礼·考工记》第六，唐贾公彦疏引《郑目录》云：

> 象冬所立官也。是官名司空者，冬闭藏万物，天子立司空，使掌邦事，亦所以富充国家，使民无空者也。[③]

按照郑玄的解释，“冬官”的名称与含义都暗示着“冬”的自然生态特征，可以从以下几个方面理解：第一，“冬官”与“司空”的关系，主要体现在“冬”的万物皆藏，属于“空”的空间认知特点，因此“冬官”本身就隐含着“司空”。“冬”是“春”的基础，“春”为萌生，但需要“冬”的自然酝酿和准备，因此“冬官”的“司空”又有

①据文渊阁《四库全书》本，此书无卷数。

②据文渊阁《四库全书》本引。

③据《十三经注疏》本《周礼注疏》卷三十九（中华书局，1980年版，第905页）。

"富充国家"的职能。第二，按照古人的认知，"冬"最典型的特征是"闭藏万物"，那么，"冬官"的执掌和职权特征也具备"闭藏万物"的特征。郑玄所解"使掌邦事，亦所以富充国家，使民无空"，正是"闭藏万物"的社会政治指向。也可以说，其中暗含着"闭藏万物"这一"冬"的最典型的特征。

"冬"作为人类认定并界分的季节，有它的自然属性，它的自然属性就是"阴"。"阴"由两个主要概念组成：寒冷和时令交替。体现在古人类的认知和行为上，可以从以下几个方面考察：

关于"冬"对应的物质以及对应的乐律和作用认知。《礼记·月令》云：

> ……其日壬癸，其帝颛顼，其神玄冥，其虫介，其音羽，律中黄钟，其数六，其味咸，其臭朽，其祀行，祭先贤。[①]

《礼记·月令》记载"冬"对应的神祇是"玄冥"。玄冥属"水"，对应的音是"羽"。"羽"在上古"宫、商、角、徵、羽"五音中为最末，与"冬"是对应关系。而"律中黄钟"，律度九寸，陈旸认为"宣养九德者，主数而言"[②]。《国语·周语》也说：

> 黄钟，所以宣养六气、九德也。

三国·吴韦昭注：

> 宣，遍也。六气，阴、阳、风、雨、晦、明也。九德，九功之德，水、火、金、木、土、谷、正德、利用、厚生也。十一月，阳伏于下，物始萌，于五声为宫。含元处中，所以遍养六气、九德之本。[③]

据此可知，古人认为，"冬"在"律"度中的"黄钟"之音——"冬"与"黄钟"对应产生的作用是"宣养六气、九德"，这是对自

①据《十三经注疏》本《礼记正义》卷十七（中华书局，1980年影印本，第1380页）。
②据文渊阁《四库全书》本卷九十八。
③据文渊阁《四库全书》本卷三。

然界而言，之后又作用于人类社会而获得的认知。韦昭认为，这一季节“阳伏于下，物始萌”，因此，万物在于“含元处中”——万物归元而培本，处于氤氲化生之中，所以能达到“遍养六气、九德”。因为“含元处中”是“遍养六气、九德”的根本。为什么会“遍养六气、九德”？宋陈旸《乐书·乐图论·十二律·黄钟》论之曰：

> 《国语》曰：“黄钟，所以宣养六气、九德也。”盖阴声六，以大吕为之首；阳声六，以黄钟为之首，则宣养六气者，主阳而言也。大吕之律八寸有奇，黄钟之律九寸，则宣养九德者，主数而言也。黄钟之律，万事之根本也。①

陈氏此论，强调了乐律与自然物候的通感关系。乐律是人与自然沟通的桥梁这一认识，大约是在原始社会就已经形成的观念。“乐律”分为“阴阳”也是在原始社会就形成的乐理知识，《礼记·乐记》《吕氏春秋·古乐》诸文有着具体的记载，是可信的。陈氏的“乐律宣养”之论中特别重视“黄钟之律，万事之根本”的作用。“黄钟之律”是“万事之根本”，“冬”也同样是“万事”的根本，论述的是乐律与自然物候的通感之见。当然，他更强调乐理“数度”的精确性。实际上，音声本身就是一种自然生态现象，今天称为“物理”。古人除了认定音声的物理性，还赋予音声非物理的功能——体现在人与“乐律”的通感上。

从以上古人对“冬”与“黄钟”关系的记载和论说可以获知，“冬”这一自然生态现象在原始社会已经被人文化了。但对它的人文化是本源于这一物候的自然生态现象，《周礼·冬官》与这样的思维基础有着紧密的联系。

关于“冬”自然生态属性的人文化认知。《礼记·乡饮酒礼》载：

> 北方者冬，冬之为言，中也。中者，藏也。是以，天子之立也。左圣，乡仁，右义，偝藏也。②

①据文渊阁《四库全书》卷九十八。

②据《十三经注疏》本《礼记正义》卷六十一（中华书局，1980年影印本，第1684页）。

此文中有三个主要的判断：一是“中”，二是“仁”，三是“义”。这三个判断延伸出一个概念——“藏”。我们可以这样理解：“冬”所以具备“藏”的意义，是因为它“中”“仁”“义”，事实上都是从“冬”的自然生态性中引申出来的。“冬天”主“藏”是自然节令的结果，也是四季运行规律的必然结果，《管子·形势》说：

冬者，阴气毕下，故万物藏，故春夏生长，秋冬收藏，四时之节也。①

冬天，阴气完全沉下，所以，万物都潜藏了。因为春天、夏天是万物“生”和“长”的季节，秋天、冬天是万物“收”和“藏”的季节，这是四季运行的规律。冬天季节作用于他物的认知点是潜藏，很显然是对自然生态规律的认识。另一个引申点是方位和“信”，宋李昉等编《太平御览·时序部·冬》下引《尸子》曰：

冬为信，北方为冬。冬，终也。北，伏方也，故万物冬皆伏……②

此说，源于“阴阳五行”学说的“五德终始论”。“冬”为“水德”，在五行循环中是终极位，恰与儒家的“仁、义、礼、智、信”的最终位“信”对应，故界说为“冬为信”。方位在北，北方为潜伏，宋张虙《月令解》说：“立冬为十月节……冬之盛德在水，水属冬也。凡见于万物之藏，水之德也。”③“冬”为“水德”，“水德”主“藏”，因此，万物皆处在潜伏或潜藏的阶段。《淮南子·时则》说“冬为权……权者，所以权万物”，也就是“藏万物”。“冬”和

①据文渊阁《四库全书》唐尹知章注本卷二十一。

②据文渊阁《四库全书》本卷二十七。按，尸子，战国时尸佼，《尸子》为久佚之书。清黄虞稷《千顷堂书目》卷十二著录：“徐元太《尸子汇逸》二卷。”《汉书·艺文志·杂家类》：“《尸子》二十篇”班固自注：“名佼，鲁人，秦相商君师之。鞅死，佼逃入蜀。”（卷三十）又，《后汉书·宦者列传·吕强传》唐章怀太子李贤注：“尸子，晋人也，名佼，秦相卫鞅客也。鞅谋计，未尝不与佼规也。商君被刑，恐并诛，乃亡逃入蜀，作书二十篇，十九篇陈道德仁义之纪，一篇言九州险阻，水泉所起也。”（卷一百〇八）

③据文渊阁《四库全书》本卷十。

“信”，“冬”和“北”，“冬”和“伏”，“冬”和“权”，最终的指归是“藏”——这几个对应的概念关系都是本于自然生态。又，宋聂崇义《三礼图集注·玄璜》云：

> 《大宗伯》云：“以玄璜礼北方。”牲、币皆如璜色。后郑云：以立冬祭黑精之帝，而颛顼玄冥食焉。半璧曰璜，象冬闭藏，地上无物，唯天半见。贾释云：列宿为天文，草木为地文。冬，草木零落，惟列宿在天，故云“唯天半见”。[①]

“玄璜”是玉石礼器，“玄璜”与“玄冥”构成了通感关系。“玄璜”色“玄”，是“璜”的一半，所谓“半璧曰璜，象冬闭藏，地上无物，唯天半见”，因此它与“闭藏”构成逻辑关系。“冬”与“冬官”自然构成了象喻关系。“冬官”设制，取义于“冬”的自然生态特征，还可以从汉代祭祀歌中获得同样的认识，《汉书·礼乐志·郊祀歌》中的《西颢五·邹子乐》唱道：

> 玄冥陵阴，蛰虫盖臧。易乱除邪，革正异俗。兆民反本，抱素怀朴。条理信义，望礼五岳。籍敛之时，掩收嘉谷。[②]

可见，设“冬官”是仿冬天的物候气象特征，如前所述，两者最核心的恰似点就是“闭藏”。西周时期一个重要的文化观念是“交感”。“交感”的认知，是人类长期劳作中的智慧结晶，也同样体现在设“冬官”上。这里，可用《周易》中《泰》和《否》卦为例证明，《泰》卦卦象是：“☷☰”，它的设卦方式是“乾下坤上”。“乾”为“天”在上，“坤”为“地”在下。这一卦象显示的是“天地交而万物通”[③]的意象，与《泰》卦相反的是《否》卦，其卦象是“☰☷”，设卦方式是“坤下乾上”，所以，出现的结果可能是“天地不交而万物不通”[④]的

①据文渊阁《四库全书》本卷十一。

②据《二十五史》本《汉书》卷二十二。

③《周易·泰·彖辞》语。

④《周易·否·彖辞》语。

意象。天地不交感，出现的结果就是万物闭藏——“冬”正是天地不交的季节，所以万物闭藏。“冬官”也正是仿此而设，是仿自然生态的思维体现。如《礼记·月令》所说：“孟冬之月，日在尾……是月也，天子始裘，命有司曰：天气上腾，地气下降，天地不通，闭塞而成冬。命百官谨盖藏。”[①]可以视为《周礼》所以设“冬官”的注脚。

以上，考察了《周礼》四季之官设立的文化思维，我们概定为“仿生态思维”，显示了周人甚至三代以来华夏先民的生态伦理观。

《周易·系辞上》载曰：

> ……两仪生四象，四象生八卦，八卦定吉凶，吉凶生大业，是故，法象莫大乎天地，变通莫大乎四时，悬象著明莫大乎日月……（据《周易注疏》卷十一）

《系辞》强调的是“四时”的“变通”，也就是四季物候的变化。四季物候变化是人类的感知，如果没有人类的感知，也就无所谓变化。同样的道理，人类对四季物候变化所出现的特征及其理性总结[②]，这不是自然生态伦理观又能是什么呢？早期华夏人类重视自然生态秩序的缘由有着复杂的文化基因，但有一个共识，即天人合一。天，是自然的；人，也是自然的，天人本就是一个整体的各个部分，《周礼》“四季之官”正是在这种思维基础上形成的，宋叶时《礼经会元·官名》说：

> 今观《周礼》，冢宰曰天官，司徒曰地官，宗伯曰春官，司马曰夏官，司寇曰秋官，司空曰冬官，是以天地、四时名官，而非分掌其事也。夫既非分掌天地、四时，而加以天地、四时之号，是则以虚名而加实职也。[③]

---

①据《十三经注疏》本《礼记正义》卷十七（中华书局，1980年版，第1381页）。

②《尔雅·释天》等诸多训诂方面的文献有精确的界说，限于篇章，略而未引。

③据文渊阁《四库全书》本卷一上。

叶时说明《周礼》设四季之官是用“天地、四时之号”，是“以虚名而加实职”，已经暗示着两者的象喻关系。宋王昭禹则具体地论述了两者的文化关系，所著《周礼详解》说：

大道判而有天地，天地运而为四时。天地、四时，道之所存，以致用者也。六官之属，圣人之任，以致用者也。天、地、春、夏、秋、冬者，天之所为也；治、教、礼、政、刑、事者，人之所为也。建之以天道，所以熙人绩；任之以人事，所以亮天工。故因能而任官，所以使之治其事；因官而设属，所以使之佐其长。六官各有属，皆六十合六官之属。其员至于三百六十，非人为之私智也，以法天道自然之度而已。①

王氏辩证地论述了“天地四时”与“天地四时之官”的形成机缘、作用，指出“法天道自然”是《周礼》设官的真正意义所在，它的终极目的是“建之以天道，所以熙人绩；任之以人事，所以亮天工”——人类应该与“天道”（自然规律）和谐才能有绩效；人类做事寅亮自然之理（不能违背自然规律）。王氏认为，祈愿天人和合，必然产生的结果则为物阜民安。他在解说《周礼·地官·司徒》“以土圭之法测土深，正日景，以求地中……”时还说：

……以其地中，故天地、四时、风雨、阴阳皆得其正矣。夫天不足西北，地不足东南，有余、不足，皆非天地之中，惟得天地之中，然后天地于是乎合，故曰天地之所合也。土播于四时，所以生长、收藏万物。一时之气不至则偏而为害，惟得天地之中，然后四时于此而交通，故曰四时之所交也；风以散之，雨以润之，偏于阳则多风，偏于阴则多雨，惟得天地之中，然后阴阳和而风雨以序而至，故曰风雨之所会也；独阴不生，独阳不成，阴阳之和不成则反伤之形，惟得天地之中，则

①据文渊阁《四库全书》本卷三。

> 无愆阳伏阴，阴阳于此调而不乖，故曰阴阳之所和也。合以体言，交以序言，会以时言，和以气言，天地合，四时交，风雨会，阴阳和，如此，则无乖戾之气，无疾疠之灾。有生者遂，有形者育，则万物以之而阜安。[①]

这是对《周礼》设立“六官”制的准确解释，也是具有科学性的总结。

《周礼》设官的仿自然生态特点，应该是仿生态思维发展过程中的一个阶段，秦汉时期，虽有所延续，但已经是以变异为主要特征。它的上限，大约可以推及原始社会的黄帝时代。唐贾公彦《周礼正义序》引：“《论语撰考》云：‘黄帝受地形，象天文，以制官。’”[②]如果此记准确，那么，黄帝时代的“制官”仿“地形”和“天文”——《周礼》设官，应该是从这一起点上传递下来的。

---

①据《四库全书》本卷九。

②据《十三经注疏》本《周礼注疏》卷十七（中华书局，1980年版，第1页）。

第三章 《周礼》中的土圭与自然生态观

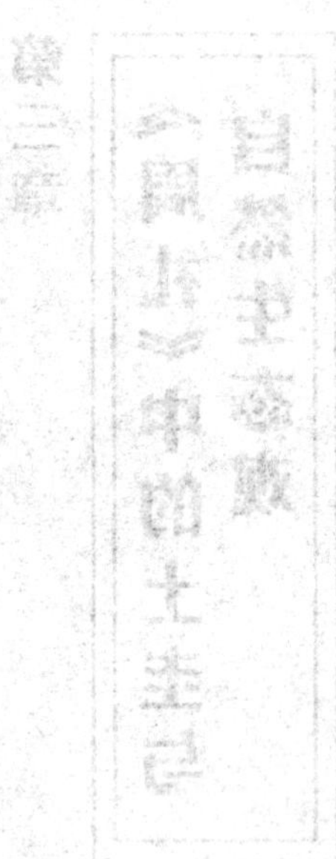

地球的自然空间方位和节令（气象），在今天是生活常识，但在远古人类确定方位、节令之始，实在是人类文化创造中的重大发明。随着科技的发展，方位、节令认知的重要意义愈加凸显。中国人特别重视方位、节令的认知，诸如建筑物、街巷、旷野道路等等——都以认知方位、节令为首要参照条件，尤其古代就更为明显。

在世界古老的民族中，中国人是最早认知方位、节令的族群。根据现在可见的文献记载，《尚书·尧典》中已经有判定方位节令的认知，《尧典》虽为后人“疑古”质疑，但质疑其中判分方位、节令的记载是没有理由的。《尧典》中有几个重要的概念是明确的：“宅嵎夷曰旸谷”“宅南交”“宅西曰昧谷”“宅朔方曰幽都”①——这是就东—春、南—夏、西—秋、北—冬四个方位、节令做了很具体的记载。尧舜时代测知方位的工具，大约就是“土圭”。宋林之奇在《尚书全解·尧典》中解释说：

> 此所以奠方隅也……古者，设为土圭之法以测日景。土圭之景，七尺五寸，景之中也；日至之景，尺有五寸，短之至也；丈有三尺，长之至也。其法，必于地中之所。日中之时，施圭以度焉。日南则景短，多暑，日北则景长，多寒，日西则景夕，多风，日东则景朝，多阴。据此，下文有日中、日永、宵中、日短，则是以土圭测日景之法，于尧时已有之矣。欲求天地之中者，苟不先立土圭以测日景，准定四方之地，则何以定天地之中？②

①见《尚书·虞书·尧典》（据《尚书注疏》本卷一）。

②据文渊阁《四库全书》本卷一。

林之奇此文有四个重要的判断：一是关于确定《尧典》中“宅嵎夷曰旸谷”“宅南交”“宅西曰昧谷”“宅朔方曰幽都”这几个概念的含义是“奠方隅”，“奠方隅”就是认知和确定空间方位；二是指出“奠方隅”的工具是“土圭”，而且述引《周礼·地官·大司徒》“以土圭之法测土深，正日景（影），以求地中”之文和郑玄的注释来说明它的意义；三是肯定“土圭”测影之法“尧时已有”；四是节令气象，所说的“多暑、多寒、多风、多阴”，其内涵都是节令和气象。

我们认为，林氏的判断都是正确的。当然，林氏是就《尧典》中的概念作疏解，因此强调尧时的“奠方隅”，是史前时代晚期。其实，认知和确定方位、节令，至少在新石器早期，华夏先民已经确立了自然空间的方位和节令观念。

在第二章中，我们已经谈及节令与空间方位的关联性，这里再进一步强调：远古华夏人类的节令与空间方位概念是纠合在同一个认知范畴中，换言之，远古华夏人类在认知空间方位与分季的时令，是一体的观念。如“句芒、祝融、后土、蓐收、玄冥”这几个神祇名称，既是空间方位概念，也可以认定为季节时令概念。

关于“土圭”这一名物，据今所见文献记载，其由来久远，古代文献中多有描述，只是少见图录。后世所制作的土圭，与西周甚至更远时期的此物，决不能等量齐观。今天的考古出土文物中，亦未见此物的报告，故究其实物形状确是很难。从文献记载中可以认定，土圭的主要功能就是通过“测影”知方位、知节令气象。早期的土圭大约是“木质”的，后世出现了“玉质”或“石质”的，它们之间还是应该有差异的。虽然文献中记载着土圭的尺寸，但在发展变化中，其形体的大小也无法界分。“立竿见影”这一成语是从土圭测影蜕变出来的，最早的土圭应是木杆一类的物件，现在不会有任何争议。根据《周礼》中对此物的尺寸记载，西周时，土圭已经进展为“玉质”或“石质”的了。

土圭用于测定方位，也用于测定季节而知气象，应该与“五行”

文化有着紧密的关联。“五行”在上古社会用于人类生活的各个方面，认知方位也不例外。从方位的本质上论，西周以前是“五方位”制，即“东、南、中、西、北”，西周和西周以后改为四方位制。

早期华夏先民的自然生态思想，应该说是土圭这种工具最基本的内涵。质言之，如果先民尚未形成明确的自然生态思想，就不可能建立空间方位意识、节令气象意识，因为，空间方位意识是所有自然生态观的前提。

本章将从《周礼》中土圭的形制与功用和土圭与自然生态伦理观这两个切入点，讨论《周礼》中的自然生态思想。

一、《周礼》中土圭的形制与功用

“土圭”是一种测日影长短以此来确定方位的工具。记载中所谓“测土深”，是通过土圭测量显示的日影长短，求得不东、不西、不南、不北之地，即所谓“地中”。夏至之日，此地土圭的影长为一尺五寸。之所以作如此选择，是因为“地中”是天地、四时、风雨、阴阳的交会之处，也就是宇宙间阴阳冲和的中心。

宋章如愚有综合性的论说，《群书考索别集·历门·古今历·土圭》载曰：

> 土圭，求天地之中，自伏羲造盖天而土圭之制已寓。至周公稽日景而土圭之名始立，逭虞氏用九尺表而土圭之用始验。其所谓土圭者，所以求土地之中而稽日景之永短也。[①]

章氏认为在伏羲时代已经有了类似后世土圭的工具，但这一时期土圭尚未形成，而是它的孕育阶段。确定“土圭”这一名称是从西周的周公始，与上引宋林之奇《尚书全解》所说“于尧时已有之”并不矛盾。我们

①据文渊阁《四库全书》本卷十六。

可以理解为：从伏羲时代就有测知日影的工具一直发展到尧时代，到西周初才确定了“土圭”这个名称，这种解释是比较合理的。

（一）土圭的形制

因为没有实物的出土，土圭的形制，不得确切详知。虽有《周礼》的记载和以后研究者的描述，但是否西周之物，犹不可遽为断定。至于此物的材质，按照《周礼》中的相关记载，在西周之初，大抵可以断为“玉质”，后世有关土圭是“玉质”的说法，也都是从《周礼》记载中获得的。

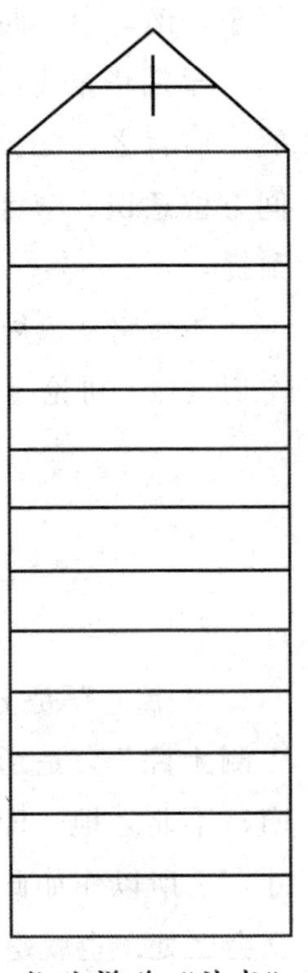

仿陈祥道《礼书》绘土圭图

《周髀算经》载荣方问陈子，有“日中立竿测影”之语，汉赵君卿注：“《周官》测景尺有五寸。”[1]是说《周礼》中的测影之器，为“尺有五寸”，此器即为土圭无疑。

宋陈祥道《礼书·礼书图·土圭》中绘制了一个图形，标有《周礼》中记载的尺寸是“尺有五寸”（见文渊阁《四库全书》本卷三十六），但未曾言及此物的材质。

其实，陈氏此说尺寸之数是从参考《周礼·大司徒》“日至之景（影）尺有五寸”和《周礼·冬官·考工记》“土圭尺有五寸”等记载中来的。尺寸长短，《大司徒》与《考工记》所记并不一致。《周礼·大司徒》“日至之景（影）尺有五寸”的“尺有五寸”，是日影的尺寸，也是土圭本身的长短尺寸。又郑玄注“景（影）尺有五寸”引郑众曰：“郑司农云，土圭之长尺有五寸。”[2]此说或从《考工记》之说，土圭的尺寸就是一尺五寸。

①据文渊阁《四库全书》本卷上之二。

②见《周礼·地官·大司徒》。

这两种说法本身就不一致，《大司徒》的“尺有五寸”说是指“日至之影”，是太阳照在土圭上所投影子的尺寸恰如土圭本身的尺寸长短。而《考工记》的“土圭尺有五寸”，是土圭的长短，并非“日影”的长短。土圭的长短，大致可以认为是一尺五寸（当然未必与现在的一尺五寸相等）。宋朱熹《朱子语类·礼三·周礼·总论》：

> 大司徒以土圭求地中，今人都不识。土圭，郑康成解亦误。圭，只是量表影底尺，长一尺五寸，以玉为之。夏至后立表，视表影长短，以玉圭量之。若表影恰长一尺五寸，此便是地之中。今之地中，与古已不同……[①]

朱熹认为，郑玄的注解亦误，土圭只是用于量“表影”的尺子，长一尺五寸，是用玉石做成的。至于《周礼·大司徒》所说的“日至之景（影）尺有五寸，谓之地中”，朱熹认为“表影恰长一尺五寸，此便是地之中”。宋朱申《周礼句解·地官·司徒》说为“土圭，长一尺五寸。其法用之，下可以测土深，上可以正日景（影）”。[②]

元张理《易象图说外篇》解释《周礼·大司徒》“以土圭之法测土深，正日景（影），以求地中……”之后说：

> 右言度地中，建王国之制。土圭，以玉为之。长一尺五寸，测土深，度日景（影）长短之深也。[③]

此说不仅有材质，也有尺寸。认为土圭是“玉质”，至于长短，也说是“一尺五寸”——是否据朱熹解《周礼》相关概念而成论？或有它据？此不详考。

从以上的考察中可以看到，土圭的产生、形成以及它的形制的确定，都是以西周时期人类对自然生态的认知为前提。

①据文渊阁《四库全书》本。
②据文渊阁《四库全书》本卷三。
③据文渊阁《四库全书》本卷下。

（二）土圭的功用

1.测方位，建王城和邦国都鄙

宋朱申《周礼句解·春官·宗伯》直解为“土圭，量日景（影）之圭”（卷五）。其实，土圭的形制与它的功用是有机的整体。形制是为功用而设，功用依据形制体现出来，因此，两者往往纠结在一起。这里，分而别之，是为了论述之便。

最早记载土圭功用的文献，自然是《周礼》，见《周礼·地官·大司徒》：

> ……以土圭之法测土深[①]，正日景（影），以求地中……[②]

按照这一则文献的记载，土圭用于“测土深，正日影”，其目的是“求地中”。“测土深，正日影”，以达到“建王国”的目的是它的主要功能。郑玄注引“郑司农云：测土深，谓南、北、东、西之深也”。[③]所说的“测土深”，实际是以太阳照射形成的阴影的长短，测知地表的长短。而测知地表的长短以便确知方位，最终的目的是建立王城以及王城所辖之地，即所谓“制其畿方千里而封树之”。这与西周的封建侯国制是吻合的。

后世涉及土圭与土圭文化功能的记载很多，下略考之，以为证明。

宋夏僎《尚书详解·虞书·尧典》说解“分命羲仲宅嵎夷曰旸谷……”曰：

> 尧所以使四子各宅一方者，非谓居是地也，特使之定其方隅耳。如土圭之法，测日之南、北、东、西，知其景（影）之长短、朝夕，亦尧之遗法也。[④]

①宋郑锷《周礼全解》曰：“凡地之远近、里数侵入，则谓之深。”（据王与之《周礼订义》卷十五）大抵可谓正解。按，郑锷，字刚中，福州（今福建省）人，躬行孝友，淹贯群经，旁通子史百家之学。文备众体，尤以词、赋著名。开馆授徒，向者云集。绍兴三十年，登进士第，仕至屯田郎官。宁宗在英邸，兼小学教授。所著《周礼全解》今不传。

②③据《十三经注疏》本《周礼注疏》卷十（中华书局，1980年影印本，第704页）。

④据文渊阁《四库全书》本卷一。

“定其方隅”就是确定方位，并认为“土圭之法，测日之南、北、东、西，知其景（影）之长短、朝夕，亦尧之遗法”，是由此及彼的论述，所论及的土圭功用，便是测定方位。又，宋王昭禹《周礼详解·地官·司徒》

> 玑衡[①]，所以经天也；土圭，所以纬地也。两者皆用土焉。土之为物，阳精之纯，致一以通乎天地者，莫太乎是矣。圭之为物，剡其首，以象物之生，平其下，以象物之植。承顺乎天而以生万物者，土也，故以土圭求之。
>
> 土圭之法，所以度天之高，四方之广与土之深。举测土深，则天与四方，从可知矣。正日景（影），以求地中者，日至之景（影），尺有五寸，谓之地中。以土圭正日景（影）之长短，候其景（影）适与土圭等，所以求地中而建王国也。夫天之高，土之深，四方之广，其所以正之者，以日景而已……[②]

此说描述璇玑玉衡用于观测天文，土圭用于测知地表的“经纬”，仍然与方位有联系，并对土圭形制做了具有哲理思考的具体描述：“圭之为物，剡其首，以象物之生，平其下，以象物之植”，与宋陈祥道《礼书·礼书图·土圭》所绘制的图形基本相同。此物上端为尖锐状，即所谓“剡其首”，所谓“以象物之生”是在界定此物的类本质；所谓“平其下”，是指此物下端的平直之状；“以象物之植”，象喻地上万物植根于“地”中之义。接着就土圭的功用也做了具体描述。以土圭确定日影的长短，在等到日影恰与土圭长短相对应之时，这即是所谓的“地中”。天高土深，四方之广，对这样的空间测定，都要依据土圭被日光投射的日影为限。其目的仍然是“求地中而建王国”。此法后世或有沿革，清乾隆朝编《钦定续通志·天文略》谓：“案，《周礼》‘土圭之法’与唐之覆矩图皆因地体浑圆，准验其南、北、东、西里差。《尧

①远古观测天文的仪器，全称“璇玑玉衡”（见于《尚书·尧典》）。

②据文渊阁《四库全书》本卷九。

典》：命羲和，言宅嵎夷，宅南交，宅西，宅朔方。宅，本作度，即四方测景（影）。”[①]可见，“唐之覆矩图”的功能与土圭相似。

由此可知，《大司徒》中记载的土圭功用，测方位的同时，也测知节令气象。

以上是就《周礼·大司徒》中土圭功用所做的考察。除了《大司徒》记载测方位、建王城外，据其他篇章的记载，土圭也用于侯国和公卿建城邑测方位。《周礼·夏官·土方氏》载：

> 土方氏掌土圭之法，以致日景（影）。以土地相宅而建邦国、都鄙。[②]

郑玄注：

> 致日景（影）者，夏至景（影）尺有五寸，冬至景（影）丈三尺。其间则日有长短……土地，犹度地，知东、西、南、北之深，而相其可居者宅居也。[③]

这是《周礼·夏官·土方氏》记载的土圭功用，其一是“致日景（影）”。“致日景（影）”是在确定“日影”长短的基础上确定节令即如郑玄所说的“夏至、冬至”，要达到的目的是通过度量土地的面积“以土地相宅，而建邦国、都鄙”。如郑玄注所言“知东、西、南、北之深，而相其可居者宅居”——这里所记载的是相对于王城分封之地的侯国以及侯国下属公卿的城邑，如宋王昭禹所说“……相宅而建邦国、都鄙，则邦国赖之以有其居。此《豫》之‘利建侯’之事也”[④]。这里所记载的是用土圭测日影，知方位以确定建邦国、都鄙的位置是否适合人类居住。又，《周礼·冬官·考工记下·玉人》：

> 土圭，尺有五寸，以致日，以土地。[⑤]

---

①据文渊阁《四库全书》本卷九十八。

②③据《十三经注疏》本《周礼注疏》卷三十三（中华书局，1980年影印版，第864页）。

④引见宋王昭禹《周礼详解》卷二十九（据文渊阁《四库全书》本）。《豫》是《周易》中卦题，“利建侯”是此卦之辞，即卦辞。

⑤据《十三经注疏》本《周礼注疏》卷四十一（中华书局，1980年影印版。第922页）。

郑玄注：

“致日”，度景（影）至不（“不”同“否”——引者）。夏日至之景（影），尺有五寸；冬日至之景（影），丈有三尺。“土”，犹度也，建邦国以度其地而致其域。[①]

“以致日，以土地”，即是以土圭之影确定方位，在此基础上再度量地域广狭而建设邦国或公卿的城邑。

宋林希逸《考工记解》解“土圭，尺有五寸，以致日，以土地”说：“土圭，夏至、冬至，测日之用也。”（卷下）

宋易祓《周官总义·地官·司徒》说《周礼》“以土圭之法测土深，正日景……凡建邦国，以土圭土其地而制其域”曰：

此所谓土其地者，特依仿王国之法，以定东、西、南、北之势，然后为之制。其小大广狭之封，如是而已……[②]

易祓此说主要有两点：其一是坐实“建邦国、都鄙”要仿照建王城之法，用土圭确定“东、西、南、北之势”——测方位；其二确定建侯国和公卿都鄙的规制即“小大广狭之封”。其中，自然隐含着可以居住的意义。又，宋朱申《周礼句解·夏官·司马下》说：

土地，犹度地也，度地势而相其可居者，以建诸侯之邦国、公卿之都鄙。[③]

朱申于此引申郑玄“土地，犹度地”说，为“度地势而相其可居者”，强调的是“度地势”和“可居”，即用土圭度量地势，确定是否适合人类居住，在此基础上决定是否“建诸侯之邦国、公卿之都鄙”。

《周礼》中记载的土圭是早期华夏先民用以测知方位，确定地势、地况而达到“可居”目的的重要工具。同时，也反映了先民这一观念的由来。朱申的解释是正确的，明王应电的解释尤其明确，王应电《周礼

①据《十三经注疏》本《周礼注疏》卷四十一（中华书局，1980年影印版。第922页）。
②据文渊阁《四库全书》本卷七。
③据文渊阁《四库全书》本卷八。

传·夏官下》解释“土方氏掌土圭之法，以致日景，以土地，相宅而建邦国、都鄙”曰：

> ……土地者，以土圭土其地而制其域也。相宅者，相民宅而知其利害也。以此二者建邦国及其都鄙，一以制其大小之封疆，一以定其吉凶之趋避。①

王氏认为，“土地”就是用土圭度量其地而规制将要建造的“邦国、都鄙”的范围，建立邦国和都鄙，其实质就是建立人类可以居住的屋宅。而人类可以居住的房屋宅地，必须具备趋利避害的条件，因此，“相民宅而知其利害”就成为以土圭度量为前提而后再“相民宅”的系列行为。所以，王氏就土圭的功用做了两个方面的概括：一是用土圭确定“封疆”的大小，二是“定其吉凶之趋避”。

据上所论可知，土圭不仅蕴含着早期华夏先民的自然生态观，而且，还潜在着自然生态观的功利目的。

2. 测知节令

在上文所论中，涉及土圭诸多功用，其中也包含测知天文地理等方面的功用。最简单的道理就是太阳投射在物体上形成物体影像的长短，不仅与一日之内的时间有直接的关系，与一年四季不同季节也有直接关系——这些属于天文历法方面知识，在《周礼》记载土圭功用中都有所关涉，都是基于对自然生态的认知。

《周礼·春官·典瑞》载曰：

> 典瑞掌玉瑞、玉器之藏，辨其名物与其用事……土圭以致四时、日月，封国则以土地。②

“典瑞”这一官职是掌管“玉瑞、玉器之藏”的，所掌管的玉器之中就有土圭。在西周初年，土圭是“玉质”当不会有疑问了。此文所载

①据文渊阁《四库全书》本卷四下。

②据《十三经注疏》本《周礼注疏》卷二十（中华书局，1980年版，第777页）。

的“土圭以致四时、日月，封国则以土地”。“封国则以土地”与前文所论及的“以土地相宅，而建邦国、都鄙”意义指向相同。如郑玄注文所说“封诸侯以土圭度日景，观分寸长短，以制其域所封”。“土圭以致四时、日月”属于天文历法问题。郑玄注：

以致四时、日月者，度其景（影）至、不至，以知其行得失也。冬、夏以致日，春、秋以致月。“土地”，犹度地也。封诸侯以土圭度日景（影），观分寸长短，以制其域所封也。[①]

郑玄此注“度其景（影）至、不至，以知其行得失”，是按照西周“天人感应”观念做出的解释。但是，应该强调“天人感应”形成的前提，是自然生态观的形成，这是否科学可以不论，至少不能斥之为“迷信”。而且，从唐代贾公彦的疏文中可以看到，天文学理论贯穿在“度其景（影）至、不至，以知其行得失”之中，即如所说：“……依《通卦验》‘冬至立八尺之表，昼漏半度之表，北得丈三尺景（影）。’又依《大司徒》云：‘日至之景（影）尺有五寸，谓之地中’是其景（影）至也。若不依此，或长或短，则为不至也。云‘以知其行得失也’者，景（影）之至否，皆由人君之行所致。若景（影）不依道度，为不至，是人君之行失；若景（影）依道度，为至，是人君之行得，故云‘知行得失’……”[②]此为以天文之理规诫“人君依道”，今天仍有积极意义。又，宋王与之《周礼订义》说“土圭以致四时、日月，封国则以土地”引：

郑锷曰：土圭，尺有五寸。上可以度天时，下可以测地理。欲知天时，则植之以观春、夏、秋、冬之景（影）。冬至日在牵牛，景（影）长丈有三尺；夏至日在东井，景（影）长尺有五寸，则日之行可知。春分，日在娄，月上弦于东井而员于角，下弦于牵牛；秋分，日在角，月上弦于牵牛而员于娄，下弦于东井，则月之行可知。谓之致者，植土圭于此，使景

①②据《十三经注疏》本《周礼注疏》卷二十（中华书局，1980年版，第777页）。

> （影）自至于此，则以致乎四时之日月者，欲知地理，则植之以观东、西、南、北之景（影）。以一寸之景（影），知千里之遥；以一分之景（影），知百里之近。封建诸侯，则以此度其地。①

郑锷此论，是否符合天文地理之律，笔者不敢妄议，但郑锷淹贯经史，博通诸子百家之学，是南宋时期的大学问家。他概括土圭功用是“上可以度天时，下可以测地理”，断非无稽之谈。郑锷认为，要用土圭获知“天时”，“则植之以观春、夏、秋、冬之景（影）……”，“冬夏致日，春秋致月，以辨四时之叙”②；要用土圭获知“地理”，“则植之以观东、西、南、北之景（影）……”而且使用方法上也有明确说明。可见，土圭具有上可以观测天文，下可以度知地理的功用。

土圭见于《周礼》的记载，要者有三：一是《大司徒》，二是《土方氏》，三是《冯相氏》。所记土圭功用各有偏重，如王与之《周礼订义》引：“郑锷曰：‘《土方氏》所掌与《大司徒》以土圭正日景，《冯相氏》之致日、致月不同。大司徒建王国而用土圭以测土深，求天地之中，冯相氏欲知四时之气，土方氏专建诸侯之国，不过用土圭以度其地之远近广狭而已。’”③从以上的考察中可知，土圭在不同的使用范围中，它的功用也有所不同，但在度地理知方位、测天文统节令这两个功用方面是一样的。

“土圭”用于测知四时节令，四时节令都属于自然生态的范畴，据此仍可以获知西周人类的自然生态观。

宋代陈祥道《礼书·测景》为《大司徒》所载土圭功能绘有一个表（见下页），从表中可以知道土圭既有测知方位的功能，也有测知节令和气象的功能，显示着古代人类对方位、节令和气象等自然生态现象已经具备较好的测知手段，是自然生态观的表现。

---

①据文渊阁《四库全书》本卷三十五。

②《周礼·春官·冯相氏》中语。

③据文渊阁《四库全书》本卷五十七。

测影表

	南表景短多暑	
东表景夕多风	中表尺有五寸	西表景朝多阴
	北表景长多寒	

二、土圭与自然生态伦理观

原始的“立竿测影”是人类文明进程中的伟大创造，这一伟大的创造又是华夏先民在对天地开辟、阴阳交感、寒暑往复、晦朔明灭、东西南北等自然现象和自然物候的认知基础上完成的。“测影”这一方式，至西周时期进化为土圭。土圭的出现是集结着“三代”以后华夏先民认知自然生态的科学[①]成果，对西周以来中华文明的发展和推进产生了深远的、全方位的影响。而它又是基于对自然生态的长期认识创造的文明

①我们认为，用“科学”一词概括从“立竿测影”到土圭测影的历程是比较合适的，因为土圭是早期测知天文地理有代表性的成就。

载体。宋代王应麟《六经天文编·天道·土中》引：

范氏曰：测景（影）之法，见于《周官》，与《诗》所以求地之中以建王国而阜安万民者也。然必验之数术，考之中星，参之气朔，校之刻漏，而后为得。[①]

这里所说的“测景之法”即是土圭的测影之法。“验之数术，考之中星，参之气朔，校之刻漏。”这是综合的观测天文、衡量地理的行为，其中最核心的因素是自然生态和自然生态观。基于此，我们将从这一方向做具体的考察。

（一）土圭与气候

《周礼·地官·大司徒》：

……以土圭之法测土深，正日景（影），以求地中[②]。日南则景（影）短，多暑；日北则景（影）长，多寒；日东则景（影）夕，多风；日西则景（影）朝，多阴。日至之景（影）尺有五寸，谓之地中，天地之所合也，四时之所交也，风雨之所会也，阴阳之所和也。然则，百物阜安，乃建王国焉，制其畿方千里而封树之。[③]

此文虽不乏历代儒师注释，但终究有费解之处。清郑方坤所做解说，最为通达。郑方坤《经稗·三礼·土圭地中》：

土圭条所谓地中及东、西、南、北之偏，就九州以内言之耳。如今南方多热，北方多寒，近海处多风，近山处多阴，故惟中州气候为得其正。而其日景（影），则夏至之日，适与土圭齐，故取以为准。是日景（影）以中土而定，非土中因日景（影）而得也。经云：“正日景（影），以求地中”，所谓求

① 据文渊阁《四库全书》本卷上。
② “以土圭之法测土深，正日景，以求地中”已见前引，为文意完整，故此再引。
③ 据《十三经注疏》本《周礼注疏》卷十，中华书局，1980年，第704页。

> 者，犹标识之义耳。解者穿凿附会，要归于臆说，不可行也。景（影）短多暑，言景（影）短时多暑也；景（影）长多寒，言景（影）长时多寒也；景（影）夕多风，言景夕时多风也；景（影）朝多阴，言景（影）朝时多阴也。景（影）短，谓夏景（影），长，谓冬。景（影）夕，谓午后；景（影）朝，谓午前……[1]

郑氏此说，参考西方历法，是对《大司徒》所说的合理评价，同时也是对自然生态、自然生态法则所做的具体描述。

《大司徒》引文所说是典型的自然生态的描述。可述者有三：

第一，确知方位。方位是自然固有形态，但需要人类的认知和确定。人类认知和确定之后，它就从自然现象提升为“自然生态观”——一种“自然人化形态”。它是基于客观物质世界而进入了人类的“心认”。自然的存在意义与价值，不取决于人类“心认”与否。所以，土圭作为确定方位的工具，它是在“自然生态”和“心认”兼备共存的条件下形成的“自然生态观”。应该强调的是，这里所记载仍然因为五行观念而暗含着“五方位”特征：“地中”和“南、北、东、西”——这是原始“五方位”认知的文化心理孑遗。

第二，认识气象物候，确知节令。气象物候也是固有的自然现象，不会受到人类意志影响而改变，但人类可以在自然现象中感受和认知。“日南则景（影）短，多暑；日北则景（影）长，多寒；日东则景（影）夕，多风；日西则景（影）朝，多阴。”按照贾公彦疏曰：

> ……周公摄政四年，欲求土中而营王城，故以土圭度日景（影）之法，测，度也。度土之深，谓日景（影）长短之深也。正日景（影）者，夏日至，昼漏半，表北得尺五寸景（影），正与土圭等，即地中，故云“正日景（影），以求地中”也。“日南则景（影）短，多暑”者，周公度日景（影）

---

① 据文渊阁《四库全书》本卷九。

> 之时，置五表，五表者，于颍川阳城置一表，为中表。中表南千里又置一表，中表北千里又置一表，中表东千里又置一表，中表西千里又置一表[①]。今言“日南景（影）短，多暑”者，据中表之南表而言，亦昼漏半，立八尺之表，表北得尺四寸景（影），不满尺五寸，不与土圭等，是其日南，是地于日为近南，景（影）短多暑，不堪置都之事也。云“日北”者，据中表之北表而言，亦昼漏半，表北得尺六寸景（影），是地于日为近北，是其景（影）长多寒之事也。云“日东则景（影）夕，多风”者，据中表之东表而言，亦于昼漏半，中表，景得正时，东表，日已跌矣，是地于日为近东，昼漏半，已得夕景（影），故云“景（影）夕多风”。云“日西则景（影）朝，多阴”者，据中表之西表而言，是地于日为近西，亦于昼漏半，中表景（影）得正时，西表日未中，仍得朝时之景（影），故云“日西则景（影）朝，多阴”。此经皆未得所求耳。解《洪范》之义，依《五行传》，风属中央，雨属东方。今西方云多阴，东方云多风者，土为木妻，木为金妻，从妻所好，故月离于箕风扬沙，月离于毕俾滂沱，故此东方多风，西方多阴，阴即雨也。[②]

贾公彦此疏文当分前后两段理解。前段止于“中表西千里又置一表”。贾氏此说，后人或有肯定和阐发，如宋郑锷；或有拟议者，如宋王与之“未闻置四表于千里之外”[③]。我们参考宋杨甲撰、毛邦翰补《六经图·公刘相阴阳图》（卷三），虽年代有差，但所解用文，悉皆《周礼·大司徒》之义，始知，这原本是一个以比例尺为标准的缩略图，类似于今天的“地图”，贾公彦此段疏文是以缩略图为本做出的解释。后段是专就方位、节令和气象物候的不同变化所做的解说。我们没

①按，上引陈祥道《礼书·测影图》，即据此摹绘。

②据《十三经注疏》本《周礼注疏》卷十（影印本中华书局，1980年版，第704页）。

③两家之说均见《周礼订义》卷十五。案，王与之直接质疑郑锷而郑锷是本贾公彦之说阐发。

有必要考察此图说的正确与否（坦率地说，也无法考察），但可以肯定的是贾公彦之说属于正解。有鉴于此，可以认识到其中的“自然生态思想”在西周初年已经具有完整的体系。

第三，认知自然生态“交感中和”思想。要保持自然生态的完整和良好，“交感中和”是最重要的环节，如果与人类形成对象化关系，就需要“和合”。《周礼》中所论，在保持自然生态“中和”以及与人类对象化关系“交感”的记载触目皆是。毫无疑问，它是儒家中庸思想的理论前提。换言之，儒家中庸思想是在《周礼》“交感中和”思想基础上发展起来的，是“中和”思想的成熟时期。而它的源头，应该追溯到原始社会晚期。从残存的《连山易》文献和与其有关联的出土文物中可以证明，笔者此论并非臆说。《连山易》在原始社会从记事符号产生以后就发展形成了，它的文化核心则是万物“交感”而“和合”。河南濮阳西水坡出土的原始古墓，其中45号大墓的“龙虎蚌壳图”是有力的证明①。前述引文中所说的“谓之地中，天地之所合也，四时之所交也，风雨之所会也，阴阳之所和也。然则，百物阜安，乃建王国焉，制其畿方千里而封树之”，此文中的核心命题是“交感”与“中和”。“所合”是指“天地”，“天地”即“两仪”，“两仪”为“阴阳”。其下所说的“阴阳之所和”，其实就是万物的“和合”，万物的“和合”正是自然生态的“和合”。此文虽有具体的地点所指（洛阳一带），但它的自然生态“交感中和”思想却有普遍意义的。

（二）土圭与阴阳学说

自然的气象是四季的回环往复，“交感中和”是对这种自然现象的认识，而“阴阳”则是这一认识的枢机。西汉董仲舒《春秋繁露·阴阳位》：

> 阳气始出东北而南行，就其位也；西转而北入，藏其休也。阴气始东南而北行，亦就其位也；西转而南入，屏其服

①笔者在2007年5月的濮阳会议上就提出这一见解，为多数考古学家所肯定。

> 也。是故，阳以南方为位，以北方为休；阴以北方为位，以南方为休。阳至其位而大暑热，阴至其位而大寒冻；阳至其休而入化于地，阴至其伏而避德于下。是故，夏出长于上，冬入化于下者，阳也；夏入守虚地于下，冬出守虚位于上者，阴也。阳出实入实，阴出空入空，天之任阳，不任阴，好德不好刑，如是也。故阴阳终岁，各一出。[①]

董仲舒此论，实际是在阐述自然生态中的气象物候变化的规律，以至于社会生态和政治生态。今天看来，没有什么错误。说者是以阴阳的运行为纲，挈领方位、气象以及气象与方位的对应关系，气象与阴阳属性的对应关系，其中贯穿着回环往复的自然生态特点界说，显示着“交感中和”的认识论，是《周礼·大司徒》有关论说的发展与延伸。董仲舒在《春秋繁露·阴阳终始》中就此问题有着具体而深刻的阐述：

> 天之道，终而复始，故北方者，天之所终始也，阴阳之所合别也。冬至之后，阴俛而西入，阳仰而东出。出入之处，常相反也。多少调和之适，常相顺也。有多而无溢，有少而无绝。春、夏阳多而阴少，秋、冬阳少而阴多。多少无常，未尝不分而相散也。以出入相损益，以多少相溉济也……[②]

董仲舒此说，就春、夏、秋、冬四季的气象物候变化做了在当时最具科学性的论述，也是对上引《大司徒》之文的最恰当的阐发。

说者从方位始，延及四季“天之道，终而复始”——自然气象的运行规律分为四季，四季运行规则是回环往复，即“终而复始”，这是四季的运行法则；北方既是四方位的运行终点与起点，也是四季的终点与起点。四季各有阴阳属性的独特性，也有相互之间的兼备性。“春、夏阳多而阴少”，但春、夏兼备着“阴”；“秋、冬阳少而阴多”，但秋、冬也兼备着“阳”，在理论上阐发了“日南则景短，多暑”“日东则景

①②据明程荣编《汉魏丛书》本《春秋繁露》卷十一，影印本，吉林大学出版社，1992年，第133页。

夕，多风”即为“阳多而阴少”的所指和内涵；同样也阐发了“日北则景长，多寒”“日西则景朝，多阴”即为“阳少而阴多”的所指与内涵。《大司徒》所载的“天地之所合也，四时之所交也，风雨之所会也，阴阳之所和也”虽属专指，但其中的普遍意义不言而喻。董仲舒所论阴阳的“多少无常，未尝不分而相散也。以出入相损益，以多少相溉济也”，阐明了“所合、所交、所会、所和”在天地自然运行中的普遍意义。其实，董仲舒此论是《春秋繁露·阴阳终始》之前的《阴阳位》论述的加深，既有紧密的逻辑关联，又备述其中的深意，就“阴阳终始”与气象物候等自然生态问题做了创造性的阐述。以此为基础，再探究社会生态和政治生态，把自然生态与社会生态、政治生态放在同一个认识过程中，是对《周礼》自然生态理论的继承与发展。《周礼》生态（含社会生态、政治生态）理论对后世产生了深远的影响，其中“交感中和”又是核心。又，明邵宝《简端录》论“周官论道经邦燮理阴阳之简”之义曰：

> 论道经邦，致中和也；燮理阴阳，位天地育万物也。阴阳和，而天下治矣……①

这依然是在阐发《周礼》的生态思想。“论道经邦，致中和”是认识政治生态，“燮理阴阳，位天地育万物”是认识自然生态。“交感中和”成为不可忽视的认知和行为，在《周礼》的自然生态思想中占有重要的地位。这无疑是上古人类在漫长的劳作中认识和总结的具有科学意义的理论。清程廷祚《大易择言》中说：“天之寒暑，乃日行之远近为之，故《周礼》云：日南则景短，多暑［谓夏至以后］；日北则景长，多寒［谓冬至以后］。”②土圭就是完成这一任务的工具。

从《大司徒》的相关论说中不仅可以知道上古人类认知并总结“四方位”和“四季节”中“寒、夕、风、阴”等自然现象法则，而且形成

①据文渊阁《四库全书》本卷五。

②据文渊阁《四库全书》本《大易择言·系辞上传》。引文中方括号文字原为双行夹注，是作者自注。

了关于自然生态秩序的思想，土圭在这个过程中成为不可替代的工具。宋叶时《礼经会元·王畿》论土圭定“王畿”，就涉及自然生态秩序以及建立自然生态秩序法则的意义：

> ……圣人为民立极，立中道以为标准……测之以土圭，正之以日景（影），南、北、东、西，必揆其中；朝、夕、长、短，必视其中；寒、暑、风、阴，必度其中。测其土深，欲其浅深，得中也。正以日至，期其长短，得中也。古人立土圭以测日景（影），必先测其土地之深，然后立土圭焉。土圭之制，尺有五寸。日景（影）短而不满，则知其为南矣，地近南则多暑。日景（影）长而过圭，则知其为北矣，地近北则多寒。日景（影）如夕之时，则知其为东矣，地近东则多风。日景（影）如朝之时，则知其为西矣，地近西则多阴。土圭致日之法，当以冬、夏，以其短、长之极也。日至之景（影），尺有五寸，则与土圭等矣，是谓地中。既得其中，则天地合，而四时交，风雨会，而阴阳和，然则万国阜安，乃建王国焉。[①]

此文以论土圭功用为前提，就“南、北、东、西，朝、夕、长、短，寒、暑、风、阴”等自然生态现象做了具体而深刻的论述。最核心的问题是自然生态秩序，而终极价值观则是“民阜国安”——其中潜藏着一个逻辑链：自然生态—政治生态—社会生态。

《周礼》中蕴含的自然生态观，暗示着西周时期人们的功利指向，具有物竞天择、为我所用的心理动因。由于土圭作为认知自然生态的工具，对此物的考察，不仅可知西周时期人们认知自然生态的智能，还可以了解到他们的功利指向。

①据文渊阁《四库全书》本卷二下。

土圭用于测知方位、节令甚至天文历法，是早期人类文明进程的标志。但此物至周末即灭失，可能是它自身功能的局限所致。按照唐代天文历法家李淳风的说法，土圭测影察识天文历法，是“浑天仪”的再生之器。后晋刘昫《旧唐书·李淳风传》载李淳风上疏唐太宗曰：

> ……臣案，《虞书》称，“舜在璇玑玉衡，以齐七政”，则是古以浑天仪考七曜之盈缩也。《周官》大司徒职“以土圭正日景，以定地中”，此亦据浑天仪日行黄道之明证也。暨于周末，此器乃亡……①

李淳风是唐代也是中国历史上有深厚天文历法之学积累的学者，此说当为有据。李氏认为，土圭是在此前“浑天仪”基础上发展创造的，到了周末，此器失传。但根据可见的文献记载，土圭在周代的文明进程中发挥了巨大的作用。因为，天文历法直接关涉的是节令气象、方位地貌，进而决定着农耕的得失。它是历史的产物，也是在历史发展中失落的文明，在历史上的意义是承前启后的。按照李淳风所说“据浑天仪日行黄道之明证”，那么，“浑天仪”在汉以后又有了新的发展。宋陈祥道《礼书·璇玑玉衡》：

> ……论浑天者谓，地居中，而天周焉。日在地上为昼，在地下为夜。是以后汉张衡、郑康成、陆绩，吴之王藩，晋之姜岌、葛洪、江南皮延宗、钱乐之徒，皆祖浑天而传之。盖其视精祲，察灾祥，有足验焉故也。②

中国历史上的农耕文明，在世界文明史中属于最早也是最发达的，天文历法的发明起到了决定性的作用。据传，伏羲时即有了天文历法，称为《周天历度》。黄帝时代，黄帝的历法官大挠编定《六甲》，容成制《历象》。少昊时代有“凤鸟氏司历”之官。颛顼时代，有《颛顼历》。尧、舜时代，除了尧和舜本身就熟知天文历法，同时也有专司天

①据《二十五史》本《旧唐书》卷七十九，上海古籍出版社、上海书店出版社。
②据文渊阁《四库全书》本卷三十六。

文历法之官。夏代的《夏小正》虽有后人的附益，但《夏历》的存在，毋庸置疑。商代有《归藏》，周代有《周髀算经》。梁沈约《宋书·历志》说：

> 天地之所贵者，生也；万物之所尊者，人也……黄帝使大挠造六甲，容成制历象，羲和占日，常仪占月。少昊氏有凤鸟之瑞，以鸟名官，而凤鸟氏司历。颛顼之代，南正重司天，北正黎司地。尧复育重、黎之后，使治旧职，分命羲、和，钦若昊天，故《虞书》曰："期三百有六旬六日，以闰月，定四时，成岁。"其后，授舜曰："天之历数，在尔躬。"舜亦以命禹。爰及殷、周二代，皆创业革制，而服色从之。顺其时气，以应天道，万物群生，蒙其利泽。三王既谢，史职废官……①

以上虽为概述，但大抵与事实相合。黄帝时代，华夏原始经济已经进入农耕文明阶段，农耕文明的前提是有"历法"文明。如果没有天文历法作为农耕的背景，农耕文明就无从谈起。远古华夏先民的这些创造，最智能的思维是"天人观"，"天人观"是自然生态观的思想基础。

土圭虽非天文历法，但它是测知和确定天文历法的重要工具，是"三代"时期"天人观"在西周时期的延续，也是自然生态观阶段性的完善标志。

---

①据《二十五史》本《宋书》卷十二，上海古籍出版社、上海书店出版社。

第四章

《周礼》中辨土别物与优化自然生态观

"辨土别物"是人类区别于动物的一个重要指标。人类从动物中分化出来，除了自身机体的生理进化，最重要的是智能进化。辨土别物是人类智能进化到建立或组成社会结构的思维产物。制造劳动工具应该是辨土别物智能的起点，这种智能也是人类早期就形成的。

人类形成辨土别物思维功能的前提条件是长期认知自然生态，因此，辨土别物本身反映的是人类的自然生态观。

辨土别物作为古人的自然生态观，《周礼》中有着广泛的记载，可知是上古时期很成熟的社会行为，具有承上启下的文化惯性，是"三代"文化延伸的重要范畴，也是影响后世封建文化的一个支点。

从现在传世文献看，最早、最专门、最系统记载华夏先民"辨土别物"的文献是《尚书·夏书·禹贡》。《禹贡》记载着禹治水成功即划定"九州"而辨土别物以为贡赋的史实。《禹贡·序》载曰："禹别九州，随山浚川，任土作贡。"[①] 禹治水，加深了对舆地的认识，也明晰了对舆地土壤和土壤所生、所存物质的认识和界分——用今天的标准论，固然不算科学，但在当时乃是伟大的创举。《周礼》的"辨土别物"正是在这一文化流程中延伸和发展出来的。

《周礼》中记载着专门负责考察、测知地形、地貌的职官，《周礼·夏官·邍师》载："邍师掌四方之地名，辨其丘、陵、坟、衍、

①据《十三经注疏》本《尚书正义》卷六（中华书局，1980年版，第146页）。清代解读或研究《禹贡》的著述非常多，诸如胡渭的《禹贡锥指》、朱鹤龄的《禹贡长笺》、徐文靖《禹贡会笺》、程瑶田《禹贡三江考》、倪文蔚《禹贡说》等著述都是研究《禹贡》的力作，撰著者也都是经学大家。

邍、隰之名。”[①]可见，“邍师”是专门负责测知地形、地貌等有关地理方面事务的职官。这种文化传统一直延续下来，如后世的“舆地志”或“方舆志”“方志”等文献的形成，其“笔法”“体例”都是从这一文化基因中增殖出来的。用今天的专业分类标准界定，这些学术概念都属于“地理”，远古时期如《禹贡》《周礼》中“地图”“方舆”等“地理”内容是早期人类“辨土别物”思维条件下的产物，《四库全书总目·史部·地理类序》曰：

> 古之地志，载方域、山川、风俗、物产而已，其书今不可见。然《禹贡》《周礼·职方氏》，其大较矣。《元和郡县志》颇涉古迹，盖用《山海经》例，《太平寰宇记》增以人物，又偶及艺文，于是，为州县志书之滥觞。[②]

古代的“地志”即是古代的“地理志”。古代“地志”主要分为两大类：一是全国类的“地志”，如《禹贡》《汉书》中的《地理志》《元丰九域志》《明一统志》《大清一统志》等；二是地方志，即简称为“方志”，如宋范成大的《吴郡志》、元于钦的《齐乘》、明王鏊的《姑苏志》以及《江西通志》等——代表了中国古代“地理”学的总体发展趋势。“地理”学形成的思维机制是辨土别物，辨土别物其实就是对自然生态的认知。四库馆臣所说的“方域、山川、物产”，属于建立在自然生态认知基础上辨土别物的结果。

本章将对“《周礼》中的地理、舆图观念”“《周礼》中的分野、民生与树艺观念”“《周礼》中的优化农耕、畜牧观念”三个论题的考察，论述辨土别物实际上是《周礼》时代先民们的“优化自然生态观”在《周礼》中的传承、记载和发扬光大。

---

①据《十三经注疏》本《周礼注疏》卷三十三（中华书局，1980年版，第865页）。

②据文渊阁《四库全书总目提要》卷六十八。

一、《周礼》中的“地理”、舆图观

确定民族文化共同体的生存空间，可以称为确定“疆域”。确定疆域，就必须确定“疆界”。在疆域之内，根据方位，按照地形、地貌、气候、生物情况等做出划分，形成图式，在古代社会中称之为“地图”“舆图”或“舆地图”。如果加上文字描述或解说，可以称为“舆地志”或“图经”。今天所说的“地图”，与古代所称的“地图”，虽有一定程度的不同，但其源头就是“舆图”或“图经”。

古代，“地图”或“图经”“舆图”的产生，它的前提必然是对方位、气象、物候、地形、地貌、生物、数理等的认知。换言之，没有这些认知就不可能有“地图”或“图经”“舆图”的产生。对此，《周礼》中有明确记载。

（一）地理、地图与专门管理

“地图”或“图经”这类概念，在《周礼》中已经出现了，虽然“地图”原貌今天无从得见。据《周礼·地官·土训》《卝人》等记载，古时的“地图”与今天的地图本质上是一样的。按《周礼》中有关“地图”的具体记载和描述，我们推定，上古时期的“地图”是辨土别物的思维结果。当然，绘制“地图”，需要详知地形、地貌等地理情形之后才有可能完成，因此，测知地形、地貌，即地理，就是首要之事，换言之，需要有测知地形、地貌的专门人员，《周礼·夏官·形方氏》载：

> 形方氏掌制邦国之地域，而正其封疆，无有华离之地。[①]

这里所记载的“形方氏”是侯国负责“封疆”工作的人，是测知

①据《十三经注疏》本《周礼注疏》卷三十三（中华书局，1980年版，第864页）。

地形、地貌的专门人员。同时，他们也是熟知地理的“专家”。郑玄注《周礼·夏官·形方氏》曰：“形方氏主制四方邦国之形体。”[①]“形方氏”就是熟知四方邦国地形、地势的地理管理职官，唐贾公彦疏文可以作为可靠的证明。贾氏疏文曰：

> 形方氏主知四方土地形势，故使掌作邦国之地域、大小、形势，又当正其封疆，勿使相侵。[②]

从上述疏文可进一步知道，“形方氏”负责划定邦国的地域、地域大小，又熟知邦国封地的地形、地貌等地理情况。那么，他很可能也具备绘制邦国封地“疆域”地图的技能。邦国的疆域有专人负责，邦国疆域确定以后，一定会绘制“地图”，绘制的“地图”也有专人管理，《周礼·天官》记载的“司书”就是专门负责管理邦国“地图”的职官。

（二）地图、地理与户籍、物产

《周礼·天官·司书》载曰：

> 司书掌……邦中之版，土地之图，以周知入出百物，以叙其财，受其币，使入于职币。[③]

“司书”掌管邦国之“版”与“土地之图”，所谓“邦中之版，土地之图”可简称为“版图”。唐贾公彦疏曰：“邦中之版，土地之图，即‘司会’版图也。”[④]此言“版图”与后世“版图”之义略有区别，“版”是“户籍”之义，“图”是“地图”之义，如郑玄注《司会》“版图”曰：“版，户籍也。图，土地形象，田地广狭。”[⑤]郑氏所说的即为今天所说的“地图”。在西周，“版图”是户籍与“地图”的合

①据《十三经注疏》本《周礼注疏》卷二十八（中华书局，1980年版，第833页）。
②据《十三经注疏》本《周礼注疏》卷三十三（中华书局，1980年版，第864页）。
③④据《十三经注疏》本《周礼注疏》卷七（中华书局，1980年版，第682页）。
⑤据《十三经注疏》本《周礼注疏》卷六（中华书局，1980年版，第679页）。

义。这一含义，在《周礼·地官·大司徒》中有具体的记载，《周礼·地官·大司徒》载曰：

> 大司徒之职，掌建邦之土地之图与其人民之数，以佐王安扰邦国。[①]

这里记载着“大司徒”的重要职责之一，是掌管建立邦国的“土地之图”和“人民之数”，以辅佐周王安定邦国。所说的“土地之图”，可以简称为“地图”，“人民之数”是“户籍”，属于“司书”中所说“版”的含义。西周时期的“土地之图”是由“大司徒”掌管建立，建立“地图”的同时，也要建立户籍。户籍，类似于后来“户口”的人口数，所说“人民之数”，实即统计人口建立户籍。又宋王昭禹《周礼详解·地官·大司徒》说：

> ……邦之土地之图，即天下土地之图。万国各自图之，以入于司徒，则谓之“天下之图”。大司徒合而图之，则谓之“邦图”也。合天下图之，而可以谓之“邦图”，则天下莫非王土故也……[②]

按照王昭禹的解释，西周邦国地图的绘制，是大司徒汇地方之图合集而成。合集之图可谓“邦图”，即邦国地图；未合集的地方之图是“天下之图”，是分布于天下各诸侯国的地图。邦国有地图，人民有户籍，是便于邦国的治理，宋叶时《礼经会元·图籍》说：

> 土地有图，所以知天下地域广轮之制；人民有数，所以知天下户口登耗之由。地官司徒，佐王安扰邦国，则掌土地之图与夫人民之数可也。[③]

建立“地图”之制，必须熟知地理而“辨土”，故《周礼·地官·大司徒》又载曰：

---

①据《十三经注疏》本《周礼注疏》卷十（中华书局，1980年版，第702页）。
②据文渊阁《四库全书》本卷九。
③据文渊阁《四库全书》本卷四下。

> 以天下土地之图，周知九州之地域广轮[1]之数，辨其山、林、川、泽、丘、陵、坟、衍、原、隰之名物。[2]

大司徒负责建“土地之图”，再借助于地图了解“九州地域”的“广轮”，即宽长、广狭、面积数字，同时辨识“九州”地域中的“山、林、川、泽、丘、陵、坟、衍、原、隰之名物”。郑玄注：“周，犹偏也。九州，扬、荆、豫、青、兖、雍、幽、冀、并也。轮，从（从，即纵——引者）也。积石曰山，竹木曰林，注渎曰川，水钟曰泽，土高曰丘，大阜曰陵，水崖曰坟，下平曰衍，高平曰原，下湿曰隰，名物者，十等之名与所生之物。”[3]据《周礼》之文和郑玄注文可以确定，“地图”之制与行政区划是具有关联性的。上古行政区划应始于《禹贡》，《周礼》中所载“地图”之制，是延续和发展了行政区划制度，其思想前提是自然生态思想的“辨土”。

通过设“地图”之制，广知自然生态中的生态环境，诸如地形、地貌、气象、物产等等，以达到“佐王安抚邦国”的目的。

据上引文字理解，《周礼》时代的先民，已经具备了完整详密的“自然地理”的观念，同时，也具备了完整的“人文地理”的观念。

（三）地图、地理与社会组织结构

《周礼·地官·司徒》载：

> 遂人，中大夫二人；遂师，下大夫四人，上士八人，中士十有六人，旅下士三十有二人，府四人，史十有二人，胥十有二人，徒百有二十人。[4]

“遂人”是“司徒”统领下的职官，“遂人”统领着徒役凡二百一十人。“遂人”及其从属主要负责地方行政区划与行政管理。

---

①“广轮”是宽长之义，亦曰“广狭”。

②③据《十三经注疏》本《周礼注疏》卷十（中华书局，1980年版，第702页）。

④据《十三经注疏》本《周礼注疏》卷九（中华书局，1980年版，第699页）。

《周礼·地官·遂人》载曰：

> 遂人掌邦之野［郑玄注：郊外曰野。此野为甸、稍、县、都］，以土地之图经田野，造县鄙形体之法。五家为邻，五邻为里，四里为酂，五酂为鄙，五鄙为县，五县为遂。皆有地域沟树之使，各掌其政令刑禁。以岁时稽其人民，而授之田野，简其兵器，教之稼穑。①

此言“遂人”执掌邦国的郊野管理，首先要熟知郊野的地理环境，知道郊野的地理环境所使用的工具就是“土地之图”。西周初年，最小的社会组织是“邻”，从“邻”到“里”，到“酂”，到“鄙”，到“县”，到“遂”，显然是地方行政区划。“遂人”是这一社会组织最高级别的职官。这是“地图”使用的又一个层次——从“自然生态”认知延伸到“人文生态”认知。宋王昭禹《周礼详解》解释曰：

> ……土地之图，大司徒所建之国也。“以土地之图经田野，则以所建之国为井、牧、沟、涂、田、莱之类而经之。物生，而后有象；象生，而后有形；形具，而后有体。体者，形所待而立者也。故有县、鄙之形，斯为井、邑、沟、涂之类，以体之有王国之形。斯为门闱、官室之类，以体之其所以造之者。岂漫然乎？莫不有度数存焉。夫是之谓形体之法也。”②

王氏此说是本于郑玄注“经形体皆为制分界”，发义为“以所建之国为井、牧、沟、涂、田、莱之类而经之。物生，而后有象；象生，而后有形；形具，而后有体。体者，形所待而立”，由“以土地之图经田野”引申到对地形、地貌以及物类、物象、物体和社会组织的认知，也可以说是“辨土”及于“别物”之论。

《周礼·夏官·职方氏》载曰：

①据《十三经注疏》本《周礼注疏》卷十五（中华书局，1980年版，第740页）。
②据文渊阁《四库全书》本卷十五。

> 职方氏掌天下之图，以掌天下之地，辨其邦国、都鄙、四夷、八蛮、七闽、九貉、五戎、六狄之人民，与其财用、九谷、六畜之数要，周知其利害。[①]

宋王安石《周官新义·夏官·职方氏》解说为“掌天下之图，以掌天下之地，则所掌非特图也，又掌其地焉”。[②]就是说，“职方氏”掌管“天下之图”是通过“天下之图”，“以掌天下之地”，即对天下土地的掌管，在此基础上延展到对族类的认知与界分，所谓“辨其邦国、都鄙、四夷、八蛮、七闽、九貉、五戎、六狄之人民”。而且，涉及的物产“其财用、九谷、六畜之数要”属于“经济地理”，其目的则是“兴利除害”。其前提是“自然生态思想”的“辨土”思维。宋王昭禹《周礼详解》曰：

> 大司徒掌建邦之土地之图，以天下土地之图，知九州之地域广轮之数，则其掌者，特图而已。职方氏掌天下之图，以掌天下之地，则其掌者，非特图也，又掌其地焉。盖天下之地至广，而职方氏不能躬至而遍晓，按其图以掌之而已。大司徒以图而知天下土地之数，则要在于上也；职方氏以天下之图而掌天下之地，则详在于下也……虽分详略之异，而其人民之所聚，财用之所出，九谷之所生，六畜之所产，其数要不可以不辨之也，其利害不可以不知也……利则凡可以利人者也，害则凡可以害人者也。周知其利害，则将以兴其利，除其害也。[③]

上文论说了“大司徒”与“职方氏”掌“土地之图”在邦国治理中的分工与作用。“大司徒”建绘图之制，掌管“土地之图”而详知九州地域的广狭；“职方氏”掌管“天下之图”是为了通过“地图”了解和

---

①据《十三经注疏》本《周礼注疏》卷三十三（中华书局，1980年版，第861页）。

②据文渊阁《四库全书》本卷十三。

③据文渊阁《四库全书》本卷二十九。

掌管“天下的土地”，在详知天下土地基础上辨别熟知“人民之所聚，财用之所出，九谷之所生，六畜之所产”，“周知其利害”而达到兴利除害的目的。可知，“大司徒”与“职方氏”所载“地图”是相同的，如宋王与之《周礼订义》引宋郑锷之说：“职方所掌地图，与大司徒天下土地之图一也。”（卷五十六）只是，“职方氏”中的“地图”比“大司徒”更具体详细，宋吕祖谦《东莱外集·汉舆地图序》说：“舆地之有图，古也。自成周大司徒‘掌天下土地之图’，以周知广轮之数，而职方氏之图，复加详焉。”[1] 两者所掌“地图”一样，但使用“地图”而所尽职责是有分异的。

从以上考察可知，《周礼》中所载“土地之图”即为“地图”。如前所述，“地理”之学至少在《禹贡》时代就产生了。“地理”之学，至少必须具备方位、气象、数理、物候、地势、地貌等学识，必须知道植物、动物、山川、河流等“博物”之学（即“名物之理”，非今所指的博物馆学），在这一基础上方可绘制“地图”。这些知识和学问的获得与积累的前提条件便是对自然生态的认知。《周礼》所载“土地之图”等文献中，基本可以说明这一事实。

《周礼》所载“土地之图”事，要者有四，其义虽各有侧重，但就“地图”之义而言，庶几相同。

第一，由“土地之图”的认知，涉及邦国财物、货币。《周礼·天官·司书》所记载的“土地之图，以周知入出百物，以叙其财，受其币，使入于职币”，即是由详知地图而进入对邦国财物、货币管理的描述。

第二，由“土地之图”的认知，提高到对邦国治理的认识。《周礼·地官·大司徒》中所记载的“掌建邦之土地之图与其人民之数，以佐王安扰邦国”，即是对治理邦国的概念性的记载。

第三，由“土地之图”的认知，延伸到邦国对郊区行政组织结构的

①据文渊阁《四库全书》本卷四。

设置与管理。《周礼·地官·遂人》所记载的"五家为邻，五邻为里，四里为酂，五酂为鄙，五鄙为县，五县为遂。皆有地域沟树之使，各掌其政令刑禁。以岁时稽其人民，而授之田野，简其兵器，教之稼穑"，既是对郊区行政区划的记载和描述，也是对郊区的行政管理描述。

第四，由"土地之图"的认知，涉及华夏民族与其他民族的关系问题。《周礼·夏官·职方氏》所记载的"辨其邦国、都鄙、四夷、八蛮、七闽、九貉、五戎、六狄之人民，与其财用、九谷、六畜之数要，周知其利害"，其中"四夷、八蛮、七闽、九貉、五戎、六狄"等，就是今天的"少数民族"，"辨其邦国、都鄙、四夷、八蛮、七闽、九貉、五戎、六狄之人民"，即界分出在"邦国、都鄙"周边生存的民族，因为这些民族在周王朝周边[①]，所以对周边这些民族的人口、财用和农牧情况也有必要进行了解。

明确"疆域"是成为"邦国"的重要因素，对"疆域"之内的管理必须按照比例绘制缩略的"土地之图"的平面图——"地图"。西周已经具备了完整的按比例绘制"地图"的技能。在有"土地之图"的前提下，依照"土地之图"所涉及的财物、货币、王畿周边的行政区划、邦国与周边民族的管理等问题都属于邦国治理不可缺失的职责。

人类从野外穴居到建造屋宇，从狩猎、刀耕火种到依历农耕，天惠地赐是首要条件。《易传》所说的仰观天文、俯察地理，是对远古人类依靠自身的智慧认识自然空间的过程。那么，天文学的源头可以追溯到什么时代？可以追及"仰观天文"时代。地理学的源头可以追溯到什么时代？可以追及"俯察地理"时代。"天惠地赐"是人类生存与进化的基本条件，而"仰观天文，俯察地理"的人类智慧则是决定人类社会文明产生的必要条件。《禹贡》是华夏人类"俯察地理"的结果，《周礼》"土地之图"也是华夏人类"俯察地理"的结果。从"俯察地理"

①汉郑玄在此注释曰："四、八、七、九、五、六，周之所服国数也。"引"《尔雅》曰：九夷、八蛮、六戎、五狄，谓之四海。"（据《十三经注疏》本《周礼注疏》卷三十三，中华书局，1980年，第861页）。

到《禹贡》，从《禹贡》到《周礼》的“土地之图”，正是华夏人类“自然生态思想”的产物，是华夏人类的智慧结晶！

《周礼》时代“舆图”的创造性发展是以“辨土”为前提，“辨土”的思想基础则是自然生态观，“择地而居，别物而就”不仅是生存地域的选择，还是生存资源获得的选择，农耕便成为《周礼》时代人类的重要关注点。

二、《周礼》中的分野、民生与树艺观

辨土别物是《周礼》“地图”之制的重要行为之一，清李钟伦《周礼纂训·地官·司徒》曰：

> 疏，马融云：“东西为广，南北为轮。”训此节承上“土地之图”，下“土会”“土宜”“土均”，皆辨土地、名物之事也。[①]

李氏此言“辨土地、名物之事”，即辨土别物行为。在《周礼》中有诸多记载辨土别物的篇章。

上文论及“辨土”是远古人类在经历漫长认知自然大地的实践中创制的“土地之图”的是认识物质世界的智慧结晶，可以视为宏观的“辨土”。这里所论，是就《周礼》中记载的辨识土壤、分别物种以及辨识地表的环境，分别植物、动物适合生存与否的智能和行为，属于微观的“辨土”，并及于“别物”。

《周礼·地官·大司徒》载曰：

> ……以土宜之法，辨十有二土之名物，以相民宅，而知其利害，以阜人民，以蕃鸟兽，以毓草木，以任土事，辨十有二

①据文渊阁《四库全书》本卷五。引文所言“疏”，实即《周礼注疏》中贾公彦之疏文。

壤之物而知其种，以教稼穑树艺。[①]

这段文字的意思是，以辨识土壤是否适合的方法，辨别十二个不同区域的土地以及所生长之物，观测确定适合人民生活居住之地而趋利避害，使人民繁衍，使鸟兽生息，使植物繁茂。要使管理土壤之职的人胜任辨识十二土地所种植之物，教育人民春耕秋收的农耕之事。

这段文字中蕴含着这样几个意义：

（一）辨土与分野

辨土是分野的前提，分野是辨土的结果，通过辨土而完成分野，是为区划做准备。辨土和分野属于地理，在远古时期，由于“天地感应”的观念，辨土分野同时对应着上天之象，即所谓的“十二星次”，它既属于天文，又属于地理。《周礼》中的“冯相氏”“保章氏”就是这方面的职官。《周礼·春官·宗伯》记载，“冯相氏”从属九十二人，其中八十人是“徒役”，有十二人是从事观测天象的职官[②]。“冯相氏”负责观测和推算“岁、月、辰、日”以及“二十有八星之位”次序，“保章氏”是负责观测“星、辰、日、月”运行中的变化，辨别认定吉凶祸福，在此基础上确定“星次”与“九州”封地的关系，再辨别怪异或吉祥。《周礼·春官·宗伯》载：

保章氏，中士二人，下士四人，府二人，史四人，徒八人。[③]

“保章氏”的从属凡十二人，其中“徒役”八人，负责观测天象的变化，郑玄注：“保，守也，世守天文之变。”《周礼·春官·保章氏》载曰：

保章氏掌天星，以志星辰日月之变动，以观天下之迁，辨

①据《十三经注疏》本《周礼注疏》卷十（中华书局，1980年影印本，第703页）。
②其文曰：“冯相氏，中士二人，下士四人，府二人，史四人，徒八人。”（《周礼注疏》卷十七）
③据《十三经注疏》本《周礼注疏》卷十七（中华书局，1980年影印本，第755页）。

其吉凶。以星土辨九州之地所封，封域皆有分星，以观妖祥。以十有二岁之相，观天下之妖祥……[①]

此文所说的“以星土辨九州之地所封，封域皆有分星，以观妖祥”，即含“十二分野”对应“十二星次”关系之义。观测“十二星次”是“保章氏”的职责，辨“十二土”是“司徒”的职责，形成了西周时期“十二星次”对应“十二封土”以判定吉凶或“妖祥”的观念。

区划或地域分野中，自然生态的差异以及与星次的对应关系的认知——体现了“天地交感”（实即阴阳交感）的思想观念。郑玄注“以土宜之法，辨十有二土之名物”为“十二土，分野十二邦，上系十二次，各有所宜也”。[②]按照郑玄的解释，“十二土”是十二个诸侯国所管辖的区域，这十二个区域又对应着天上的十二星次，所谓“上系十二次”即为此意。唐贾公彦疏曰：“云‘十二土，分野十二邦，上系十二次，各有所宜也’者，案，《保章氏》‘以星土辨九州之地’，注云：‘星土，星所主土。’又云：‘大界则曰九州，州中诸国之封域，于星亦有分焉’……”贾氏此释，已经十分清楚，“十二土”与天上的“十二星次（宿）”是对应关系，即所谓“星土，星所主土”——每一个星次对应着地表的一个区域（即一个诸侯国的辖地）。此问题，宋王昭禹在《周礼详解·地官·司徒》的解释可以作为注脚，他说：“十有二土，则系乎十二国之分野，以应天文十二次言之，星纪，吴越也；元（玄）枵，齐也；娵訾，卫也；降娄，鲁也；大梁，赵也；实沈，晋也；鹑首，秦也；鹑火，周也；鹑尾，楚也；寿星，郑也；大火，宋也；析木，燕也。”[③]这种解释是否科学，我们没有必要追究，但它是

①据《十三经注疏》本《周礼注疏》卷二十六（中华书局，1980年影印本，第819页）。

②据《十三经注疏》本《周礼注疏》卷十（中华书局，1980年影印本，第703页）。郑玄此注之义，汉代以来，或有异说，于此不做专门考证。

③据文渊阁《四库全书》本卷九。王氏于此所说的“星纪，吴越也；元枵，齐也……”本于贾公彦疏文：“……今其存可言者十二次之分也。星纪，吴越也；玄枵，齐也；娵訾，卫也；降娄，鲁也；大梁，赵也；实沈，晋也；鹑首，秦也；鹑火，周也；鹑尾，楚也；寿星，郑也；大火，宋也；析木，燕也。如是天有十二次，日月之所躔，地有十二土。……”（贾氏说见《周礼注疏》卷十，中华书局，1980年影印本，第703页）。

基于西周占星理念形成的，郑玄与王昭禹所说是正确的。可以说，这是建立在“阴阳交感”思想基础上做出的阐释，应当肯定。其中对天文与地理的认知所显示的是“自然生态思想”。

（二）择地而居，别物而就

以“辨土别物”为前提，以安定民生为目的，同样是建立在“自然生态观”的基础上——“择地而居，别物而就”是“优化自然生态观”的实施。贾公彦疏曰：“‘以土宜之法，辨十有二土之名物’者，十二土各有所宜，不同所出之物及名皆异，故云‘以土宜之法，辨十有二土之名物’也；云‘以相民宅’者，谓既知‘十二土之所宜’，以相视民居，使之得所也；云‘而知其利害’者，十二土之中，利处居之，害处远之，以阜盛人民，以蕃息鸟兽，以毓生草木者，皆由知利害使之然也。”①

贾氏此疏，准确地解释了“以土宜之法，辨十有二土之名物，以相民宅，而知其利害，以阜人民，以蕃鸟兽，以毓草木”的内涵，宋王昭禹《周礼详解·地官·司徒》又有更深入的认识和论述。王氏说：

> “十二土各有名物”者，名，所以命其土，则丘、陵、坟、衍、原、隰之属是也；物，所以色其土，青、黎、赤、埴、黑、坟之属是也。故曰“以土宜之法，辨十有二土之名物”。既知矣，则其高下、美恶，皆得而周知，于是乎度地以制邑，量地以居民，使各安居而乐于从事，则薮牧、园圃，预有职焉。故曰“以相民宅，而知其利害”。盖民虽好利而恶害，不能趋利而避害，上之人既相知其利害，则示之以利害，使之知所避就焉。“以阜人民”则使人民众安，如山阜之阜物也。“以蕃鸟兽”则使之蕃息，若草木之蕃芜也。“以毓草木”则使草木生毓，如母顺而毓子之毓也。夫物必毓而后蕃，蕃而后阜。②

①据《十三经注疏》本《周礼注疏》卷十（中华书局，1980年影印本，，第703页）。
②据文渊阁《四库全书》本卷九。

上述两家之说，客观而深刻地论证了《周礼》中的“优化自然生态观念”——“择地而居，别物而就”的生存追求。宋易祓《周官总义·地官·司徒》第二：

> 鸟兽，则土会，所谓动物；草木，则土会，所谓植物。土会，辨之而已。土宜，则各因其宜，而后可以蕃毓之也。[①]

动物、植物可以正常繁衍，得益于“土宜之法”，可见“土宜之法”不仅在于“辨土”，而且也在于“别物”。这是动物、植物生长繁衍的保障，也是人类生存环境平衡的必要。

（三）辨土与种植选择

辨识“土壤”的性质，种植、树艺以认知和维护自然生态环境为前提的思想观念，在《周礼》时代已经很成熟了。其实，这种观念在《周礼》时代以前就形成了。先民以“土”和“壤”为别，“土”可以理解为“土地”，即地表上的大地都可以视为“土”。“壤”是区别不同地域的土地的称谓。《大司徒》先言“辨十有二土之名物”，是就十二个区域的土地立说，次言“辨十有二壤之物”是就十二个区域各自土壤的特点或土质适合生长之物立说，是《禹贡》中此说的发展和创新。《禹贡》中就“土”与“壤”已经有明确区分的记载，如“厥土惟白壤”（孔传：无块曰壤。水去土，复其性，色白而壤），“厥土白坟，海滨广斥”（孔传：滨，涯也，言复其斥卤。引者案，指近海的盐碱地），“厥土赤埴坟，草木渐包”（孔传：土黏曰埴，渐，进，长包丛生），“厥土惟涂泥”（孔传：地泉湿。引者案，指湿地），“厥土惟壤，下土坟垆”（孔传：高者壤，下者坟垆。引者案，《说文》：‘垆，黑刚土也’即硬质的黑土），“厥土青黎”（孔传：色青黑而沃壤），“厥土惟黄壤”，等等，都是关于土壤性质的记载。《大司徒》所载“辨十有二壤之物”是在辨识“土壤”和辨识不同土壤适合生长的物种，然后指导耕者如何种植。宋朱申《周礼句解·地官·司徒》解为“壤，亦

---

①据文渊阁《四库全书》本卷七。

土也。分别物之所生而知其所殖之种”。[①] 宋王昭禹的解释尤为具体明了，他说：“辨十有二壤之物者，上之和缓者为壤，壤之为言，成也，胜也。稼穑树艺于此地，以土为质，土以壤为美……十有二土，则言土之形，十有二壤，则言土之性。其性、其形，则具于土宜之法，故大司徒既以土宜之法辨十有二土之名物，而又以土宜辨十有二壤之物，十有二壤之物，犹土之物也。不言名，则壤无异名，随土而已。知壤之物，然后知其种之所宜，而教稼穑、树艺，可以教甿矣……然则土、壤异物，则百谷之种，亦各有所宜，不可以不辨之也，故先辨而知其种，然后以教稼穑、树艺……”[②]

在《周礼》时代，以农耕经济为主体的社会形态中，辨土别物是农作物种植成功与否的保证，认知自然生态环境和维护自然生态就成为社会最基本的制度文化。上所论及的“大司徒”是这一职责的最高长官，其下也有专属职官，如《周礼·地官·载师》中“载师”的职责，《周礼·地官·草人》中“草人”的职责，《周礼·地官·司稼》中“司稼”的职责等，都与农耕或种植、畜牧与物产有直接、间接的关系。

华夏原始先民，开启农耕，由来已久，我们从已经出土的河姆渡文化遗址、屈家岭文化遗址、仰韶文化遗址等都可以确知，原始农耕文明在距今6000年前到4000年前已经形成，辨土别物是对远古农耕文明的继承与发展，对后世封建农耕的发展所产生的影响不可低估。元王祯《农书·农桑通诀·垦耕篇》载曰：

> 《易大传》曰：神农氏作，斫木为耜，揉木为耒，耒、耨之利，以教天下。《周书》云：神农之时，天雨粟，神农耕而种之，始作陶，冶斤斧，为耒、耜，以垦草莽，然后五谷兴，此农事之始也。当尧之时，洪水泛滥，草木畅茂，五谷不登。禹乃随山刊木，益烈山泽而焚之，然后九州之土，皆可种艺

①据文渊阁《四库全书》本卷三。
②据文渊阁《四库全书》本卷九。

耕作。于是后稷教民稼穑，树艺五谷。农功之兴，其有次第如此，垦耕者，其农功之第一义欤？[①]

从神农到大禹、后稷是史前农耕文明的始创和发展阶段。大禹治水，建立区划，辨分九州之地，极尽“辨土别物”之功。周人始祖“弃”（后稷）勤勉稼穑、树艺，原始农耕进入了有序的发展时期。王祯之说，信为不诬。明徐光启《农政全书·农本·经史典故》说：“后稷名曰‘弃’，弃为儿时，如巨人之志。其游戏，好种植麻、麦。及为成人，遂好耕农。相地之宜，宜谷者，稼穑之，民皆法之。帝尧闻之，举为农师。”（据文渊阁《四库全书》本卷一）徐光启是中国历史上的科学家，尤博通农学。此说后稷励精农耕稼穑之道，虽或有神话的因素，但言及“相地之宜”却是事实。“相地之宜”无他，重点是“辨土别物”。这种技能到《周礼》时代得以长足而进。辨土别物是农耕之先，如无辨土别物，农耕则不可论。明李时珍《本草纲目目录·土部》申之曰：

土者，五行之主，坤之体也。具五色而以黄为正色，具五味而以甘为正味，是以《禹贡》辨九州之土色，《周官》辨十有二壤之土性，盖其为德，至柔而刚，至静有常，兼五行，生万物而不与其能，坤之德，其至矣哉！[②]

李时珍是明代的医学家，也是中国历史上著名的医药学家。古代中国医学的支柱理论是“阴阳五行”学说，也是中国哲学的主体理论。“阴阳五行”学说之所以被古代先哲奉为定律，就在于它源于实践而付诸实践，支撑着中国历史文化步履数千年而未尝可替，正是具有古人强烈而自觉的自然生态观念下的辨土别物之智。李时珍之说至哉确论！

①据文渊阁《四库全书》本卷二。
②据文渊阁《四库全书》本卷七。

三、《周礼》中的优化农耕、畜牧观念

“穴居而野处”的群居生存方式是人类走向文明的起点，“无屋宅，田猎、畜牧，逐水草而居”的渔猎、游牧生活是进入文明过程中的一个环节，“易之以宫室，上栋下宇，以待风雨”的一家一户定居生存方式是进入原始农耕文明的标志。炎黄时代是华夏农耕文明的重要转折，《史记》曰：“太史公曰：神农以前，尚矣。盖黄帝考定星历，建立五行，起消息，正闰余，于是，有天地、神祇、物类之官，是谓五官，各司其序，不相乱也。”[①]黄帝时代，华夏先民已经进入了农耕文明社会，“黄帝考定星历”，建立了“原始天文历法”。这一史实，从近一个世纪的史前考古成果来看，《史记》的记载大抵可信。农耕文明的重要标志是天文历法的建立。就“三代”时期的周部族而言，“后稷”[②]是周部族进入原始农耕文明繁荣时期的标志。《周礼》时代，“辨土别物”成为农耕文明的思维形态，是“优化自然生态观”在劳作中的体现。关于这个问题，《周礼》中有诸多记载，我们从以下几个方面考察和论述。

（一）辨土别物与农耕、畜牧

《周礼·地官·载师》曰：

载师掌任土之法，以物地事，授地职，而待其政令。[③]

郑玄注：

“任土”者，任其力势所能生育，且以制贡赋也。物，物色之，以知其所宜之事，而授农、牧、衡、虞使职之。[④]

①据《二十五史》武英殿本三家注《史记·历书》卷二十六。

②参见《诗经·大雅·生民》《史记》等文献。

③④据《十三经注疏》本《周礼注疏》卷十三（中华书局，1980年影印本，第724页）。

“载师”是负责“辨土别物”、授农以耕稼之事的职官。此言载师执掌土地分配与劳动能力以及生产植育情况而制定“贡赋”法规，辨识土地性质，知道应该适合种植或畜养物之事，把这些相应的法规和知识授予“农、牧、衡、虞”等的负责人，让他们传授给劳动者。在《周礼》中有“牧师”和“牧人”，“牧师”是负责畜牧（饲养马匹）职事的职官，“牧人”是负责牧养“六畜”的专门人员。《周礼·地官·牧人》曰：

牧人掌牧六牲，而阜蕃其物，以共祭祀之牲牷。①

“牧人”负责牧养“六牲”，即牛、马、羊、豕、犬、鸡六种家畜，郑玄注：“六牲，谓牛、马、羊、豕、犬、鸡。”可知，“牧人”是专门负责家畜牧养的人员。郑玄注《地官·司徒》说：“牧人，养牲于野田者。”《诗经·小雅·无羊》第二章：“尔牧来思，何蓑何笠，或负其糇。三十维物，尔牲则具。”《诗经》此说“牧”者即是“牧人”，郑玄笺云：“言此者，美牧人寒暑饮食有备。”②《诗经》所说“牧人”与《周礼》“牧人”当属一类人。此诗所言“尔牲则具”是虚指“六牲”齐备。“牧人”在西周初年是从事专门职业的人员，据《周礼》《诗经》等文献的记载，可以断定。

在《周礼》中，区别“物类”基于农耕，延及畜牧，由此可见一斑。

“六畜兴旺”是农耕经济时代的重要祈向，这是《周礼》时代以前就已经建立起来的生存观念。《周礼》中的“阜蕃其物”也正是这种观念。贾公彦疏曰：“‘阜蕃其物’者，阜，盛也，使肥盛蕃息。”指出了此语的含义所在，肥壮和繁衍是牧养“六畜”者的职业追求，也是所有人的功利之愿。又，《周礼·夏官·牧师》载曰：

---

①上引文献均据《十三经注疏》本《毛诗正义》卷十八（中华书局，1980年影印本，第438页）。
②据《十三经注疏》本《周礼注疏》卷十二（中华书局，1980年影印本，第723页）。

牧师掌牧地，皆有厉禁而颁之[①]。孟春焚牧，中春通淫。[②]

此言“牧师”掌管“牧地”，在“牧地”颁发严厉的禁令以防当地之民进入。春天之初焚烧牧场的衰草以利新草出生而使六牲肥壮，宋郑锷解释此语曰：“孟春，草将生，焚去地之陈根，使发生新芽，则马食而充肥。”[③]此为正解。中春之际让马、牛等家畜各属的雌雄交配。可知，周初的农耕经济中，畜牧业也有着很好的管理制度。从有关文献中获知，六畜繁衍的管理方式是从阴阳之学中派生的理论。宋王昭禹《周礼详解》解“牧师掌牧地……”说：

牧人，牧六牲，而阜蕃其物，“牧师掌牧地”，则牧人掌其物，而牧师掌其地也。“皆有厉禁而颁之”者，有厉，以防其妄入；有禁，以止其非法，则颁其地于牧人也。中春，则阴阳交，万物发生之时，故通淫以合马之牝牡。《月令》所谓“乃合累牛、腾马游牝于牧”是也。“孟春焚牧”，则以除陈草而生新，所以备马食也……[④]

中春之月，令六畜交配，更有利于六畜的繁衍，因为这个季节是“阴阳交，万物发生之时”。从王昭禹的解释中，我们可以进一步认识到，周初对农耕畜牧的管理，意识形态的作用是根本或基础——天人感应、阴阳交合，由此衍生“辨土别物”的“自然生态观”。郑玄注文所说的“中春，阴阳交，万物生之时”是中肯之见。在《礼记·月令》中有近同的记载，其文曰：“仲春之月日在奎……是月也，乃合累牛、腾马游牝于牧。”（卷十五）郑玄注：“累、腾，皆乘匹之名。是月，所合牛、马，谓系在厩者，其牝欲游，则就牧之牡而合之。”即在初春之

①郑玄注此语为：“颁马授圉者所牧处。”

②据《十三经注疏》本《周礼注疏》卷三十三（中华书局，1980年影印本，第861页）。郑玄注“孟春焚牧”：“焚牧地以除陈生新草。”注“中春通淫”：“中春，阴阳交，万物生之时，可以合马之牝牡也。”

③据文渊阁《四库全书》本宋王与之《周礼订义》卷五十五引。

④据文渊阁《四库全书》本卷二十九。

际，牧人把圈养在马厩中的牛和马放到牧场中自由交配。明王应电《周礼传·夏官下》通释《周礼·牧师》之文曰：

牧地，必善水草之处，然亦贵有以爱养之有厉禁者遮护禁止，不得樵采也。“颁之”者，各有分地，无敢争夺废弃也。“孟春焚牧”者，黄落之余焚之，使新草畅茂。至仲春，阴阳和，可以合马之牝牡也。[①]

数千年前的古人认识到，牧地的水草肥美是六牲肥壮的物质基础，“爱养遮护”的管理是制度保证；牧地的良性循环使用是自然生态法则，在中春之月令六畜交配是动物自然法则——这些都是古代人们在辨土别物的基础上形成的“优化自然生态观”的体现。

（二）辨土别物与农田管理

《周礼·地官·司徒》载：

土训，中士二人，下士四人，史二人，徒八人。[②]

“土训”统领十六人，其中“徒役”八人。土训和他的从属都是以辨识土壤肥沃或贫瘠为专职。

《周礼·地官·土训》载：

土训掌道地图，以诏地事。道地慝，以辨地物，而原其生，以诏地求。[③]

土训负责辨土别物之职，但土训不是授农以耕稼之事的职官，而是持“地图”负责向周王解释“训说土地善恶[④]之势”[⑤]，虽关涉“贡

①据文渊阁《四库全书》本卷四。

②据《十三经注疏》本《周礼注疏》卷九（中华书局，1980年影印本，第699页）。

③据《十三经注疏》本《周礼注疏》卷十六（中华书局，1980年影印本，第746页）。

④“土地善恶”，土地肥沃与瘠薄。

⑤此为郑玄注语。据《十三经注疏》本《周礼注疏》卷九（中华书局，1980年影印本，第699页）。

赋”事[①]，但土训详知地理，专业农桑的“土地善恶之势”与气象物候等有关自然生态方面的事务。可见“优化自然生态观”在周人的文化观中已根深蒂固。又，《周礼·地官·草人》：

草人掌土化之法，以物地，相其宜而为之种。[②]

郑玄注：

“土化之法”，化之使美，若“氾胜之术”也。“以物地”，占其形色为之种，黄、白宜以种禾之属。[③]

“载师”是辨识土地，分别物种之所宜，指导和传授耕稼之术。“草人”是在根据“载师”辨识土地、物种的基础上执掌实施，使土地肥沃，再根据地势、地形和土质确定种植之物的职官。郑玄注为“土化之法，化之使美”，说的是给土地施肥，使土地肥美，同时也要知道土地的地形和土壤的具体性质而后确定所种之物，即所谓“占其形色为之种”，反映了上古人类不违自然法则的强烈的自然生态观。宋王昭禹《周礼详解·地官·草人》做了具体而准确的解说，我们可以从以下几个方面来认识：

第一，“草人”之职，通过“辨土别物”，建立认知土壤和物种及其相互补益而各有其宜的观念和管理模式。“草人”是深知土壤、物种属性的职官。王氏说：“以物化土，以土养物，使九谷、草木，皆得其宜，故名官谓之‘草人’。草于谷、木为微物也，微物尚然，况其大者乎？与《洪范》言‘庶草蕃庑’同意。”[④]据王氏之意，《周礼》中此说，本于《尚书·周书·洪范》，就两者的时代而言，这一结论是正确的。《洪范》出自西周立国之初，《周礼》在周公辅政之际，从时间上

①郑玄注曰：“道，说也，说地图九州形势，山川所宜，告王以施其事也。若云荆、扬地宜稻，幽、并地宜麻。地慝，若瘴蛊然也。“辨其物”者，别其所有所无，原其生生有时也，以此二者告王之求也。地所无及物未生，则不求也。”（《周礼·地官·土训》，据《十三经注疏》本《周礼注疏》卷十六，中华书局，1980年影印本，第746页）郑注所云“荆、扬地宜稻，幽、并地宜麻”皆谓贡赋事。

②③据《十三经注疏》本《周礼注疏》卷十六（中华书局，1980年影印本，第746页）。

④据文渊阁《四库全书》本《周礼详解》卷十六。

看，属于顺接。从文化观念上认识，即《洪范》与《周礼》是在同一时代先后产生的文化载体，故属于同源。王氏所谓的“与《洪范》言‘庶草蕃庑’同义”是完全合理的。《尚书·周书·洪范》“八庶征”曰：“曰雨，曰旸，曰燠，曰寒，曰风，曰时，五者来备，各以其叙，庶草蕃庑。”孔传曰：“雨以润物，旸以干物，暖以长物，寒以成物，风以动物，五者各以其时，所以为众验。”[①]寒、暖、风、雨，来者顺时，不违其叙，植物生长就会繁茂，体现了上古人类对顺时就势、不逆自然法规的自然生态观。《周礼》的“草人”职官设置正是继承和延续着《洪范》中所建构的自然生态观用以对待和管理土地、物种。

第二，遵循自然规律，不坏物种本性，能得天地物之赐。这是“草人”遵循的管理原则。王昭禹说：“夫天时有生，地利有宜，人官有能，物曲有利。”[②]王氏认为，“天”（大自然）在不同的时令可以产生“寒、暖、风、雨”的气象物候，大地顺应“天”在不同时令产生的气象物候，“人官”（作为人的职官）具有掌握、认知“天时有生，地利有宜”的观念和技能，其结果就会“物曲有利”，即获得天时地利所赐予的物质之惠。遵循自然法则成为《周礼》时代农耕经济的纲领，所谓“草人掌土化之法，以物地相其宜，而为之种，人官有能而致物曲之利者也；‘六府’之政：水、火、金、木、土、谷，惟修五行，天以生物者也，不能自致其生九谷；天以养人者也，不能自致其养，惟人修之而已。”[③]充分阐述了人与自然的关系，人如何从事农耕。“人官有能而致物曲之利者”就必须按照“六府”：“水、火、金、木、土、谷”的存在规则，然后修治、恪守“五行”秩序。因为“谷物”是自然界生成的，用以养活人类；人也是自然界生成的，所以，“惟人修之而已”——人要遵守自然法则，不破坏自然法则，方能获得自然的惠赐。

第三，“草人”掌握和管理“土化之法”是建立物质的互化观，

---

①据《十三经注疏》本《尚书正义》卷十二（中华书局，1980年影印本，第193页）。
②③据文渊阁《四库全书》本《周礼详解》卷十六。

物质的互化是在不违反自然之理的基础上进行，这一思想应该是“阴阳交感”的延伸和增殖。就西周初年的农耕经济发展而言，是具有决定性的进步。宋朱申《周礼句解·地官·草人》说“以物地，相其宜而为之种”为“物之在地，各有所宜，草人相视之而粪其种”。[①] 植物生长在土地上，以植物的种属不同，所适宜的土壤也有区别的原则，“草人”具有认知不同植物在不同土壤生长而使土壤肥沃的技能。“土化之法”所指，不乏变贫瘠为肥沃的职能含义，王昭禹说：“化移瘠而肥，移恶而美，是之谓土化。化者，因刑以易之者也。物之有化，天之理也，而使九谷、草木实函斯活苗而至于秀，秀而至于实，则后固有辅相裁成之道，草人岂可阙哉……不知异壤，则地失其利；不知异宜，则物失其性。故物地相其宜而为之种也。”使用土壤和生物的互化之法可以把贫瘠的土地改变成肥美沃土，是因为物质的互化符合自然之理——“物之有化，天之理也”，顺应自然之理而实施土壤与生物的互化，其结果是“使九谷、草木实函斯活苗而至于秀，秀而至于实，则后固有辅相裁成之道”；如果反其道而行，结果就是“地失其利，物失其性”。

以上，从三个方面考察论述了“草人掌土化之法……”的基本内涵，从中可知农耕和农耕技能所蕴含的深层意义，是《周礼》时代“优化自然生态观”在农耕经济社会中的价值和意义。

（三）辨土别物与农耕水利

“水利是农业的命脉”，这是一个常识。农耕与水利的互为作用在《周礼》中就有具体的记载，《周礼·地官·司徒》载：

> 稻人，上士二人，中士四人，下士八人，府二人，史四人，胥十人，徒百人。[②]

“稻人”统领一百三十二人，其中一百人是“徒役”。

---

①据文渊阁《四库全书》本卷四。

②据《十三经注疏》本《周礼注疏》卷九（中华书局，1980年影印本，第699页）。

《周礼·地官·稻人》载曰：

> 稻人掌稼下地，以潴畜水，以防止水，以沟荡水，以遂均水，以列舍水，以浍写水。以涉扬其芟，作田。凡稼泽，夏以水殄草而芟夷之，泽草所生，种之芒种。[①]

“稻人”的职责，主要有两项。一是负责低洼耕地的种植认知和管理，郑玄注曰：“以水泽之地种谷也。谓之稼者，有似嫁女相生。”《稻人》所说的“掌稼下地”，郑玄解释为“水泽之地种谷”，即在低洼耕地上种植谷物。唐贾公彦疏曰：“以下田种稻、麦，故云稼下地。”贾氏明确了所种谷物是“稻”和“麦”。一是负责水源的管理，所载“以潴畜水，以防止水，以沟荡水，以遂均，水以列舍水，以浍写水，以涉扬其芟”，是就耕地水利管理问题立说。“以潴畜水”，是指蓄水于蓄水池中；“以防止水”，是指用堤坝挡水；“以沟荡水”，是指用沟渠疏导水；“以遂均水”，是指在地头修挖的分流的小水沟（郑玄注：“遂，田首受水小沟也。”是其义）；“以列舍水”，是指用多条田埂排水（郑玄注：“‘以列舍水’，列者，非一道以去水也……列，田之畦畤也。”）；“以浍写[②]水”，是指在田地之尾挖掘大沟泄水（郑玄注：“浍，田尾去水……浍，田尾去水大沟”。）等等，都是记载《周礼》时代种稻、麦的土地必须做好对水的治理。水利得法，丰稔可望，民庶几无饥寒之虞。宋叶时《礼经会元·水利》说：

> 稻人一官，又教民以作田兴水之法焉。以潴畜水，以防止水，备干涸也；以沟荡水，以遂均水，欲流通也；以列舍水，以浍泻水，防泛溢也。天时之干、溢不常，而地利之潴、泻有节，此农夫之所恃，以无恐欤？此岁事之所以屡丰欤！[③]

在以农耕经济为主体的社会中，农作物的丰歉，水、旱是最重要的

---

①据《十三经注疏》本《周礼注疏》卷十六（中华书局，1980年影印本，第746页）。

②“写”为“泻”的本字，是排泄之义。

③据文渊阁《四库全书》本卷三上。

自然生态威胁，认识水、旱之灾进而改变水、旱为福利，华夏人类做了漫长而又艰辛的努力。从大禹治水，到《周礼》时代，历经数千年。华夏先民积累了丰富而又行之有效的变水害为水利的经验，从《周礼》有关水资源管理的记载可以得到证明。《周礼·地官·稻人》所载，是前人管理或治理水资源经验的综合，《礼经会元》做了恰当之评。

水资源管理的智慧和经验，本于上古人类对自然生态的认知，宋易祓《周官总义·地官·司徒》卷十说“稻人掌稼下地”云：

> 稻稼下地，宜于水而已。然水所以养稼，亦所以害稼。使水之往来不穷，而下地无旱潦之忧，亦恃吾之所以治水者有其道耳。①

这是对《周礼·地官·稻人》所载水资源与农耕关系的认识，是《周礼》时代，人们对农耕经济中水利、水害的深切领悟，也是自然生态观的一种体现。

《周礼》也记载有专职种植指导的职官，《周礼·地官·司稼》曰：

> 司稼掌巡邦野之稼，而辨穜稑之种，周知其名与其所宜地，以为法而县（悬——引者）于邑间。②

郑玄注：“周，犹遍也，遍知种所宜之地，县以示民后，年种谷用为法也。”亦当为“辨土别物”视。

本章以辨土别物为切入点，考察了《周礼》“地理”“舆图”观中的“地理、地图与专门管理”“地图、地理与户籍、物产”“地图、地理与社会组织结构”等问题。从中可以确知，周人丰富的地理知识是在绵远的历史发展中积累的结果。

---

①据文渊阁《四库全书》本。

②据《十三经注疏》本《周礼注疏》卷十六（中华书局，1980年影印本，第750页）。

考察了《周礼》“分野、民生与树艺观”中“辨土与分野”“择地而居，别物而就的民生观”“辨土与种植选择”等问题。“辨土与分野”与西周诸侯分封制度形成了理论上的相互照应的关系，但就周天子对周王朝的统治而言，建立了意识形态的合理性，有利于周天子的早期统治。这里，应该强调的是西周和西周以前完整的天文、地理理论起到了决定性的作用；关于“择地而居，别物而就的民生观”，是以当时的地理之学为背景，以安定民生为宗旨的社会导向；关于“辨土与种植选择”，以辨识“土壤”性质为根本，达到认知和维护自然生态环境的目的。土壤和植物属于“子母”关系，准确地认识土壤的性质对应种植何种物类，在今天是一个科学命题，在当时，古代人类凭借着智慧和经验积累，表现了科学的理性行为。

考察了《周礼》“优化农耕、畜牧观”中的“辨土别物与农耕、畜牧”“辨土别物与农田管理”“辨土别物与农耕水利”等问题。《周礼·地官·载师》有一个命题是“任土之法，以物地事”。“载师”不仅具有“辨土别物”的技能和职责，而且还是授农以耕稼之事的职官。同时，载师执掌土地分配与劳动能力以及生产植育情况而制定“贡赋”法规，辨识土地性质，知道应该适合种植或畜养物之事，把这些相应的法规和知识授予“农、牧、衡、虞”等负责的人，并让他们传授给劳动者，当时的农耕之业与畜牧之业，用今天的话说是“两大支柱产业”。从《周礼》相关的记载可以获知，周人有一套完整的农耕、畜牧管理方法，而且对后世封建农耕、畜牧产业产生的影响不可估量。

周人的“天人观念”是史前人类尊崇“自然物质”世界演变、增殖的思想产物。所谓的“自然崇拜”是早期人类智慧的结晶而不是无知。自然崇拜是早期人类认知自然生态的启蒙，是《周礼》时代认知“天、地、人”相互关系的基石，“优化自然生态观”则是它的核心。

第五章

《周礼》的水泽、林木、地产管理与自然生态观

古代记载保护自然生态内容的文献，最可称道的是宗教文献，其中以佛教文献最为丰富，其次是道教。佛、道之教皆为东汉以后发展起来的文化。而佛教则是天竺文化，进入中国以后，融入中国文化，成为中国文化的组成部分。佛、道两教的保护自然生态的观念是以不杀生为法，是两教教义宗旨所决定的，它的积极意义值得肯定。

道教是本土文化，是先秦“道学”在东汉的发展和创新。唐代以来，佛、道文化在碰撞中又有着有限度的互相接纳和吸收，尤其在自然生态保护方面，有诸多共同点。“道学”在先秦的代表人物是老子、庄子。老、庄是春秋至战国时期人，都浸染在“周文化”的大背景之中。虽然老、庄都对“周文化”采取不以为然态度，甚至反其道而论，但反论的前提是对反论对象的熟知，否则就无从反论。换言之，老、庄都是熟知“周文化”的先秦智者，“周文化”以“五经文化”为主体，那么，老、庄熟知“五经文化”不存在悬念。这里，我们要说的是老、庄的代表著作《道德经》和《庄子》，这两部著作中“自然辩证观”的思维基础是“自然生态观”，只是道家的“自然生态观”是一种高度抽象化或者说哲学化的表述。这种表述，并没有脱离“周文化”的大背景，因此，在“自然生态观”这一点上，道家学说与“五经文化”是有着诸多共同点的，特别是《周易》和《周礼》。比如道家《阴符经》的“天人合发，万变定基”与儒家的《周礼》中“天人观”，具有文化学上的“同源”意义关系。《道德经·象元》第二十五说“……人法地，地法天，天法道，道法自然”，可见老子哲学中“道”本于自然生态而成论的依据，与《周礼》中以自然生态为本的思想异曲同工。道家以反论儒家“礼”思想为事，但说明道家熟知“礼”，《道德经·论德》第

三十八说“……故失道而后德，失德而后仁，失仁而后义，失义而后礼，夫礼者忠信之薄”，这是对先秦以《礼经》为代表的“礼法”的反论，恰好证明老子熟知“礼”。

《周礼》记载的自然生态管理，在客观上生发的意义就是“保护”，它的起点是尊崇自然，合理地利用自然资源。宋王与之《周礼订义》引薛衡[①]曰：

> 山泽，天地之藏，财用之渊，国家之所资者，厚民生之所赖者。众如使括而归之于上，适以开斯民竞利之心；纵而委之于下，重以启斯民忘本之念。是以，先王为之虞焉。以虞度之，以严其法也。为之衡焉，以权衡之，以平其政也。民知利之为可资，而不知利之为可饵，则土物爱而厥心臧，教化之端，孰切于此？[②]

这是从人类的正常生存角度，对《周礼》保护自然物产的思想给予的高度评价。美哉，斯言！

本章将从“水资源的认知与管理”“山林、地产资源的认知与管理”，考察《周礼》时代华夏先民的“优化自然生态观”。

一、水资源的认知与管理

水，是人类和地球上所有生物生存不可或缺的物质。水资源在正当取用和管理的条件下它就是“利”。否则，就会出现水涝、水淹，“水”就会给人类带来灾害。人类对水害的认识在史前社会就有了。《老子·道德经·易性》第八说“上善若水，水善利万物”，万物可以得“水善”之利，同样，也可以遭水患之害。这种哲学思想的形成，本

①薛衡，字平仲，宋代金华（今浙江）人，有《周礼序官考》（佚）。

②据文渊阁《四库全书》本卷二十七。

于自然生态认识是毫无疑问的。到《周礼》时代，古人对水的认识已摆脱了“本能感知”而形成了“智能认知”，我们从《周礼》关于“水”的理解、管理等思想是可以得出这样的结论。《周礼》时代不仅对作为自然物的水有了科学的认知，而且还设置专门的官员负责管理水资源。如“职方氏”涉及对水资源管理的职责，“川师”“川衡”“萍氏”等都属于专门管理水资源的职官。有管理全疆域（全国）内水资源的职官，也有专为诸侯国管理水资源者。在第四章中，就《周礼·地官·稻人》种植稻麦的考察涉及水源管理已做了必要的考察。按照《周礼》中记载，周朝的中央政府和地方侯国都有专门负责管理水资源的人员。据《周礼·地官·司徒》记载，“司徒”统领专为管理水资源的官员有“川衡”“泽虞”，“川衡”“泽虞”其下属又有多人。

《周礼》记载水资源管理，分为两级，即畿内和邦国。畿内是周王朝所辖领地，用今天的话说就是“国家”的辖地；邦国是各诸侯国所辖领地，用今天的话说就是地方领地。地方水资源管理法规由中央政府制定和统管。

（一）畿内水资源管理

《周礼·地官·司徒》载曰：

> 川衡，每大川，下士十有二人，史四人，胥十有二人，徒百有二十人；中川，下士六人，史二人，胥六人，徒六十人；小川，下士二人，史一人，徒二十人。[①]

“川衡”，是专管水资源的官员，川，是河流、水系之意；衡，是管理水流的官员。按照《川衡》的记载，水系分为大、中、小三级。大川由一百四十八人负责管理；中川由七十四人负责管理；小川由二十三人负责管理。三级中每一级的“徒”是“徒役”之意，即体力劳动者。“川衡”是最高长官，此官负责巡察全国的川、泽，颁示管理的禁令，

①据《十三经注疏》本《周礼注疏》卷九（中华书局，1980年影印本，第700页）。

按时到下级所在地指导工作和处罚违反季节规定捕鱼（即为犯禁）的人。《周礼·地官·川衡》载曰：

> 川衡掌巡川、泽之禁令，而平其守。以时舍其守，犯禁者，执而诛罚之。[①]

唐贾公彦疏曰：

> 此“舍其守”谓川衡之官，时复巡行所守之民，当案视其所守，守人当于其舍申重戒饬之也。[②]

贾氏是按照郑玄注稍加引申，其意不甚明了。明王志长《周礼注疏删翼》卷十引郝敬之说为确，其说曰：“京山郝氏[③]曰：时，谓当渔时。‘舍其守’，弛禁也。四时，唯夏不渔，季冬大渔。《王制》云：‘獭祭鱼，然后虞入川。’[④]”按照郝敬的解释，西周之际，渔人捕鱼，要遵照政府规定的季节，当在春、秋、冬三个季节，夏季是禁渔的。明柯尚迁之释，与郝敬近同。柯尚迁《周礼全经释原·冬官·司空》释曰：“川衡亦只巡察川、泽之禁令而已。流水曰川，水钟曰泽，禁令，如泽不伐夭鱼，禁鲲鲕之类。‘平其守’，均平其所守之分界也。‘舍其守’，獭祭鱼之后，则舍其守禁，令民采取也。犯禁者，如数罟不入污池，非时而取鱼、鳖之类……‘川衡’亦受法于‘泽虞’者也。”[⑤]这是合理的解释，也恰合西周对自然生态保护法规的具体情况。“川衡”是遵循法规而实施，掌管法规的官员是“泽虞”，而且也有配备专门的官员和徒役。《周礼·地官·司徒》载曰：

> “泽虞，每大泽、大薮，中士四人，下士八人，府二人，

①②据《十三经注疏》本《周礼注疏》卷十六（中华书局，1980年影印本，第747页）。

③京山郝氏，明郝敬。郝敬，字仲舆，京山人。万历己丑进士，历官缙云、永嘉二县知县，擢礼科给事中，迁户科，寻谪宜兴县丞，终于江阴县知县。著《九经解》，事迹载《明史·文苑传》附《李维桢传》末。

④《礼记·王制》作：“獭祭鱼，然后虞人入泽梁。”（据《十三经注疏》本《礼记正义》卷十二）其义，狩猎和扑鱼必须遵照季节而不违时。

⑤据文渊阁《四库全书》本卷十二。

史四人，胥八人，徒八十人；中泽、中薮，如中川之衡；小泽、小薮，如小川之衡。”①

此载“泽虞”及其从属人员负责“泽、薮”，也是三级管理制度，人数少于“川衡”。当时，“泽”“薮”有别，郑玄注曰：“泽，水所钟也。水希曰薮，《禹贡》曰：九泽既陂，《尔雅》有八薮。”依郑玄注，“泽”是水汇聚的地方，“薮”是水少的地方。据柯尚迁说，“川衡”接受“泽虞”传达的法规而执行之，那么，“泽虞”就是执掌法规的官员。《周礼·地官·泽虞》说“泽虞掌国泽之政令，为之厉禁”②，明确地记载着“泽虞”执掌国家水泽的政令而又负责颁行。同时，“泽虞”还负责收缴当地民众获取的部分水中物产入于“玉府”代替贡赋。这里要强调指出的是，三千年前的古人已经认识到遵循生物的自然属性、生存规则而按季节“禁渔”，这在《周礼》中是有明确记载的。又，《周礼·天官·渔人》有“渔人掌以时渔为梁”的记载，“以时渔为梁”，其意为按照规定的时令在水域设梁捕鱼。郑玄注曰：“《月令》季冬命渔师为梁。郑司农云：梁，水偃也。偃水为关空，以笱承其空。”③贾公彦疏曰：

言“以时渔为梁”者，谓一岁三时取鱼，皆为梁，以时取之，故云“以时鱼为梁”……案，《月令》季冬云：“命渔师始鱼，天子亲往。”此注云：“季冬命渔师为梁。”文句不同者，郑以此经有“梁”字，故于《月令》以义取之，非是《月令》正文……④

据此可知，“渔人”是掌管按规定季节捕鱼的官员。规定捕鱼的季节就是春、秋、冬三季，夏季禁渔。按照当时古人的认识，这个季节是鱼类的繁衍（产卵）期。《周礼》中另有专门负责的职官，《周礼·秋

①据《十三经注疏》本《周礼注疏》卷九（中华书局，1980年影印本，第700页）。
②据《十三经注疏》本《周礼注疏》卷十六（中华书局，1980年影印本，第747页）。
③据《十三经注疏》本《周礼注疏》卷四（中华书局，1980年影印本，第663页）。
④据《十三经注疏》本《周礼注疏》卷四（中华书局，1980年影印本，第664页）。

官·司寇》载曰："萍氏，下士二人，徒八人。""萍氏"下管十人，都具备水性良好的特点。郑玄注曰："萍氏主水禁，萍之草无根而浮，取名于其不沉溺。"用今天的话说，"萍氏"和他管辖的人都是会游泳的人，他们的职责是主管"水禁"。又，《周礼·秋官·萍氏》载曰："萍氏掌国之水禁。"①

"萍氏"掌管国家的水务禁令，水务禁令主要有二：一是禁止入可能伤害人的水域；一是禁止不按规定季节捕鱼的人入水捕鱼。郑玄注为："水禁，谓水中害人之处及入水捕鱼、鳖不时。"所谓"水中害人之处"，即水较深及水中有旋涡、伤人的动物、已设在水中捕获的工具等，都是可能伤害人的水域；"入水捕鱼、鳖不时"，即不按规定的季节入水捕鱼、鳖。贾公彦疏文以注为疏解对象，做了更具体的串解，其说曰：

> "水中害人之处"或有深泉、洪波、沙虫、水弩。云"捕鱼、鳖不时"者，案，《月令》：春、秋及冬取鱼，夏不合取鱼，夏取，则不时，故云"不时"，皆禁之也。②

可知，《周礼》时代，先民已经建立了完备的水资源管理法规，而且有着齐全的实施法规监管，甚至有具体事务的劳作人员，对维护或保护水资源具有重要的意义。应该特别指出的是，《周礼》时代人类与自然生态的关系保持着互相平等的认知，并非以人类为中心，这在先秦文献中有着相应的记载。比如《周礼》《礼记》记载的都很明确。《礼记·王制》载：

> 獭祭鱼，然后虞人入泽梁；豺祭兽，然后田猎；鸠化为鹰，然后设罻罗；草木零落，然后入山林。昆虫未蛰，不以火田。不麛，不卵，不杀胎，不殀夭，不覆巢。③

此文所说"獭祭鱼"，其意为獭杀鱼；"豺祭兽"，其意为豺杀

①②据《十三经注疏》本《周礼注疏》卷三十六（中华书局，1980年影印本，第885页）。
③据《十三经注疏》本《礼记正义》卷十二（中华书局，1980年影印本，第1333页）。

动物——都暗示着季节为冬季，只有在冬季，“虞人”才能把捕鱼的“梁”设到水里，猎人才能打猎。昆虫未曾蛰伏之时，不能用火烧田；不杀幼小的动物，不伤损禽卵，不杀有胎孕的动物，不毁坏颠覆鸟巢。所以，郑玄注曰：“取物，必顺时候也。”此载都是延续了《周礼》的“优化自然生态观”。此篇所记“虞人入泽梁”就是“萍氏掌国之水禁”的一个重要内容，即夏天不允许到水域中捕鱼类动物，到了冬季，“虞人”才允许把用作捕鱼的“梁”和“笱”设在水域中。

据以上考察，做以下综合之论：

第一，《周礼》所载畿内水资源管理，不仅对水泽河流有明确的划分，而且有着配置齐全的职官和徒役。《周礼·地官·司徒》所载“川衡”和“泽虞”，把“川”“泽薮”分为大、中、小三级，以“川”“泽薮”分级不同，配置的职官和徒役各异。可见，西周初年，在水资源的管理上已经建立了系统的制度或法规。

第二，畿内水资源管理包括水产物的管理。《周礼》时代华夏先民已经认识到遵循生物的自然属性、生存规则而按季节“禁渔”。这种制度或法规，虽残存着史前的“自然崇拜”痕迹，但认知生物属性，形成良性水资源循环观念是主体。

第三，《周礼·秋官·萍氏》记载的“萍氏”，不仅在畿内管理水资源，执行“禁渔”的法规，而且也注重人本身的安全，即对可能伤害人类的水域实施禁令，对人入水域劳作实施人身安全的管理制度。

第四，以上的《周礼》记载，并非孤立存在，相反，它有着上自《禹贡》、下及《礼记》等文献的辅证，其历史可靠性，不容置疑。

（二）邦国（地方）水资源的管理

从以上的考察中可以看到，《周礼》时代对“水”的认识创造了对后世具有借鉴意义的制度或法规。同时，《周礼》中还记载着专设辨识水域、区别水物，以及水物给人类带来的利、害，然后把这些所见、所知颁示给地方诸侯国的职官。《周礼·夏官·司马》载“川师”之职所辖曰：

川师，中士二人，下士四人，府二人，史四人，胥四人，徒四十人。[①]

“川师”统领五十六人，其中“徒役”四十人。那么，“川师”以及他统领之人的职责是什么？《周礼·夏官·川师》载曰：

川师掌川泽之名，辨其物与其利害，而颁之于邦国，使致其珍异之物。[②]

“川师”是负责管理各“川泽”水域名称，辨识各水域物产以及“川泽”物产给人类带来的利、害，与以上所涉“川衡”“泽虞”“渔人”“萍氏”等都属于水域、水物管理的职官，在《周礼》中具备一个系统职官的特点。“川衡”“泽虞”“渔人”“萍氏”等职官是管理国家水资源的，而“川师”是负责“遥掌畿外邦国之川泽”[③]的职官。所言“邦国”即地方的诸侯国。“川师”掌管地方侯国的河流、湖泊等名称，负责辨识这些地方河流、湖泊水物种类以及对于人类而言的“利”与“害”，在客观上所形成的作用也是维护或保护水资源。当然，这里还有“使致其珍异之物”的事实，明柯尚迁《周礼全经释原·夏官·川师》释曰：

川泽亦在诸侯之国者，川之所产，有鱼、鳖之属；泽之所产，有麋鹿之属。珍异之物如泗滨浮磬，淮夷玭珠、暨鱼之类。[④]

“川师”负责把这些产自于地方的珍异之物的一部分作为“贡赋”上缴，但在客观上具有保护水资源生态的事实。

在《周礼》中还记载着一种与管理水资源有关的职官“雍氏”。

①据《十三经注疏》本《周礼注疏》卷二十八（中华书局，1980年影印本，第833页）。
②据《十三经注疏》本《周礼注疏》卷三十三（中华书局，1980年影印本，第865页）。
③宋朱申《周礼句解》卷八《夏官·司馬·川师》语（据文渊阁《四库全书》本）。
④据文渊阁《四库全书》本卷十。

“雍氏”的职能比较复杂，但主体在于辨识水源，区别物类以防灾害，故给予讨论。《周礼·秋官·司寇》载：“雍氏，下士二人，徒八人。”“雍氏”下辖十人，是主要负责管理筑堤截水的职官。郑玄注：“雍，谓堤坊，止水者也。”这仅仅是职责一项。《周礼·秋官·雍氏》载曰：

> 雍氏掌沟、渎、浍、池之禁，凡害于国稼者，春令为阱擭、沟渎之利于民者；秋令塞阱杜擭，禁山之为苑、泽之沈者。[①]

“雍氏”与他统领的人员负责“沟、渎、浍、池”，使水流通畅或截水以达利除害。宋朱申解释说：“沟、渎、浍，田间通水者；池，谓陂障之水道。必有禁，然后可兴利除害也。”[②]“凡害于国稼者”是指凡是因水和禽兽而伤害国之耕稼。“雍氏”等人春天令民掘地为陷阱，并在陷阱中置尖锐木刺以防伤害耕稼之兽。疏通水渠，以便民获耕稼之利；秋天填塞陷阱，去掉木刺，防止伤害收割之人。禁止在山上筑园囿和挖水池以阻止危害大众的利益。这是对水资源的管理，也是对山地的管理。宋王昭禹《周礼详解》就此文献做了有说服力的解释，其文曰：

> 雍者，和之至，和至而过，则壅塞而不通，故雍，又为壅塞之雍。雍氏掌堤防以止水，所以名官谓之“雍氏”也。水十里相冓，则谓之沟。水之大窦，则谓之渎。水之所会，谓之浍。水决于此，谓之池。沟、渎、池有禁，然后其害去，其利均，亦所以息争止讼也，故雍氏掌其禁。凡害于国稼者，谓害国及稼也。不言野而言稼，盖野之禁，惟稼而已。春令为阱、擭，沟浍之利于民者，穿地为穴，以陷禽兽，谓之阱。于阱中设木以载禽兽，使足不及地，谓之擭。春令为阱、擭，以民方析而在田，宜防其害也。春令为沟、渎则以民方耕，宜资其灌溉也。所谓利民如此利，则收成之时，为其或陷害人也。故令

①据《十三经注疏》本《周礼注疏》卷三十六（中华书局，1980年影印本，第885页）。

②宋朱申《周礼句解》卷十《秋官·司寇·雍氏》语（据文渊阁《四库全书》本）。

> 塞阱，杜擭。阱，井也，故塞之；擭，机也，故杜之。禁山之为苑、泽之沈者，苑，囿也。沈者，酖也。依山以为苑，是使民得以专其利，非善政也。害之及于物者众，非仁政也。此雍氏所以禁之。[①]

此说就“雍氏”及其从属职责做了全面、合理的解释。“雍氏”及其从属，不仅管理水资源，也监管人的安全劳作与合理地利用水、水物。

据以上考察，做以下综合之论：

第一，邦国水资源管理的前提是辨识水域和水物，“川师”“雍氏”不仅熟知所管理地域的河流、湖泊、水沟、水池等分布名称，而且还负责辨识这些水域及其水物种类，同时甄别这些物类相对于人类而言的“利”与“害”，然后再“使致其珍异之物”，即贡赋于上。而“雍氏”还负责修建堤防，起到蓄水的作用，维护或保护水资源。

第二，“雍氏”不仅管理水资源，也防止禽兽害民，这些都是建立在保持自然生态平衡的思想基础上形成的制度。

我们可以把这种维护或保护水资源和其他自然资源的施政行为，定义为“优化自然生态观”的体现。

二、山林、地产资源的认知与管理

上文，考察和讨论了《周礼》记载有关水资源以及水域生物、人类生存与水域关联等管理法规，体现了早期华夏先民的“优化自然生态观念”。本文将讨论《周礼》中关于山林、地产等资源的管理和法规。《周礼》时代先民就山林、地产等自然物质的认知以及建立的管理制度和法规，仍然是“优化自然生态观”的体现。

①据文渊阁《四库全书》本卷三十二。

（一）山林物产的管理

《周礼》中关于山林的管理与水资源管理一样，已经具有定型的制度或法规，不仅有配备齐全的管理人员，而且视具体情况颁行相应的法规。《周礼》的“山虞”“林衡”“山师”等所记都是这方面的文献。

《周礼·地官·司徒》载：

> 山虞，每大山，中士四人，下士八人，府二人，史四人，胥八人，徒八十人；中山，下士六人，史二人，胥六人，徒六十人；小山，下士二人，史一人，徒二十人。①

此记“山虞”是《地官·司徒》统属的下级职官，此官之名即含有熟知山脉、了解山脉所生之物的意思。郑玄注曰：“虞，度也，度知山之大小及所生者。”②据此可知，“山虞”即是判定山脉大小以及山中生长之物的意思。在这一职责范围内，“山虞”是最高职务，其下所属者为三级制，以山的大、中、小为标准，专设管理人员，各级所设凡二百零三人，其中“徒役”一百人。从《周礼·地官·山虞》的记载，可以获知他们的职责。《周礼·地官·山虞》载曰：

> 山虞掌山林之政令，物为之厉，而为之守禁。仲冬斩阳木，仲夏斩阴木……令万民时斩材，有期日。凡邦工入山林而抡材，不禁。春、秋之斩木，不入禁。凡窃木者，有刑罚。③

“山虞”掌管管理山林的政令，为不同的生物设置藩篱，为当地之民颁示乱占滥伐以及不按规定时令砍伐的禁令。规定：仲冬砍伐阳性木材，仲夏砍伐阴性木材。令当地所有的居民按规定的时间采伐。国之木匠工人进山选择木材不受禁令限制④。不是在冬夏季节，不得进入所禁止的山林砍伐⑤。凡是盗窃树木的人，要受到刑罚的处置——伐木有

①②据《十三经注疏》本《周礼注疏》卷九（中华书局，1980年影印本，第699~700页）。
③据《十三经注疏》本《周礼注疏》卷十六（中华书局，1980年影印本，第747页）。
④宋朱申《周礼句解》注“凡邦工入山林而抡材，不禁”说：“邦工，谓国之梓匠、轮舆也。抡，犹择也。不禁者，山林国之所有，不拘日也。”（据文渊阁《四库全书》本卷四）
⑤郑玄注“春秋之斩木不入禁”说：“非冬夏之时，不得入所禁之中斩木也，斩四野之木可。”（《周礼注疏》卷九，第747页）

时，违时受罚。

《周礼》时代，对到山间采伐林木者，有严格的法规约束，乱砍乱伐要受到惩罚，不按节令入山砍伐，也要受到严格的管制。这里，需要进一步说明的是“仲冬斩阳木，仲夏斩阴木”，它是文化观念的传承。明林希元《易经存疑·系辞下传》论说“观天地之宜”，其言“观象于天，观法于地”最合于义。林氏说：

> ……要见阴阳消息处，如春耕，夏耘，秋收，冬藏；仲冬斩阳木，仲夏斩阴木，盖春、夏发生，阳也，息也，故宜耕耘；秋、冬收敛，阴也，消也，故宜收藏；仲冬一阳生，故斩阳木；仲夏一阴生，故斩阴木……[①]

阴阳学说本于自然，及于生态，成于史前而绵延西周，渗透各个领域，成为上古时代意识形态的重要支柱。“仲冬斩阳木，仲夏斩阴木”之说，正是阴阳消长理论在《周礼》自然生态观念中的反映。

“山虞”是掌管“山”、山中生物和“林”的政策和法规的职官。《周礼》中记载有专管林木的职官“林衡”。《周礼·地官·司徒》载：

> 林衡，每大林麓，下士十有二人，史四人，胥十有二人，徒百有二十人；中林麓，如中山之虞；小林麓，如小山之虞。[②]

“林衡”分大、中、小三级制管理。“大林麓”职官四十八人，“徒役”一百二十人；中、小“林麓”同“山虞”的分职，其中都有“徒役”。“林衡”的主要职责是掌管巡察林麓禁令和执掌当地经管林麓部伍守民范围的大小、远近，从属人员协助。《周礼·地官·林衡》载“林衡”的职事曰：

> 林衡掌巡林麓之禁令，而平其守，以时计林麓而赏罚之。若斩木材则受法于山虞，而掌其政令。[③]

---

①据文渊阁《四库全书》本卷十一。

②据《十三经注疏》本《周礼注疏》卷九（中华书局，1980年影印本，第700页）。

③据《十三经注疏》本《周礼注疏》卷十六（中华书局，1980年影印本，第747页）。

"林衡"负责巡察"山虞"执行"林麓"禁令的情形，了解当地守护林麓之民的分配情况，按时考核守护者的成效与过失。有功则奖赏，有过则处罚。如果是采伐的事，由实施法规的"山虞"负责。"林衡"掌管和巡察执行法规的情况，而"山虞"是执行法规的职官。所说"若斩木材则受法于山虞，而掌其政令"，即《山虞》"仲冬斩阳木，仲夏斩阴木"之意。其中虽积淀着"自然崇拜"的原始宗教文化观念，但体现的是"优化自然生态"的思想，用今天的标准评判仍具有毋庸置疑的积极意义！

"山虞"和"林衡"都是负责山林资源管理的职官，两者都统管着不同级别的人员，对当地之民经管山林实施巡察、指导和赏罚，而且守护者守护范围大小、远近都在监管和考察之内，有一套比较完备的管理系统和手段。

"山虞""林衡"制定、掌管和实施保护山麓林木的法规，它是建立在对山麓林木等所有物类的勘察、了解的基础之上。换言之，如果对山麓林木等物类不了解，也就谈不上制定和实施法规了。《周礼》中记载的"山师"职官就是这方面的专职官员。《周礼·夏官·司马》载：

> 山师，中士二人，下士四人，府二人，史四人，胥四人，徒四十人。[①]

此文记载着"山师"统管的职官或从员凡五十六人，其中四十人为"徒役"，是从事具体劳作的劳工。"山师"的职责载于《周礼·夏官·山师》，其文曰：

> 山师掌山林之名，辨其物与其利害，而颁之于邦国，使致其珍异之物。[②]

据此可知，"山师"不仅执掌"山林之名"，而且还要辨识山林中的所有物产的种类以及这些物类可能的"利害"，然后颁示给侯国，使之进献"珍异之物"。这里，应该明确的是"使致其珍异之物"属于邦国

---

①据《十三经注疏》本《周礼注疏》卷二十八（中华书局，1980年影印本，第833页）。

②据《十三经注疏》本《周礼注疏》卷三十三（中华书局，1980年影印本，第865页）。

给周天子纳贡，但“掌山林之名，辨其物与其利害”本身，首先是掌握“山林之名”和辨识其物的利害——这本与“纳贡”是两回事，不可混为一谈。宋王与之《周礼订义》卷五十七通解“山师”引陈及之[①]曰：

> 古者，山林之所产，川泽之所出，某物利于人，某物害于人，其版图数要，悉藏之王府，诸侯不得而知。辨其物之利害而颁之，则诸侯知取其利，避其害，使致其珍异之物，则不得欺其上矣。[②]

按照陈氏此说，符合《周礼》时代认知和管理自然物产的法则，所说“山林之所产，川泽之所出，某物利于人，某物害于人，其版图数要”都要收藏在周王朝的密府中。那么，做“版图数要”的工作应是“山师”等一干人员。做“版图数要”不仅需要博通山林名物，还必须博通地理——作为知识和理念的积累、形成，首先是建立牢固的“自然生态观”。所以说，“自然生态观”是“山师”以及“山师”成员在《周礼》中存在的意义支点，也是前论“山虞”“林衡”制度、规则形成、存在的礼法基础。

以上考察了《周礼》中的“山虞”“林衡”“山师”，可概括这样几个要点：

第一，《周礼》时代的山地、山地林木、山地物产、山地禽兽管理，不仅建立了系统的管理职官，而且也创制了合理的法规。法规形成源于实施管理的职官，实施法规的职官又遵照法规行事，形成了良性的法规、执行法规的关系链。

第二，《周礼》时代保护山地、林木和物产等对于保护和平衡自然生态环境，具有不可低估的积极意义，无论是主观、客观上都对民生大有好处。

第三，《周礼》时代在保护山地林木过程中，以延续传承的阴阳之

---

①陈及之，宋代永嘉（今浙江）人，名汲，及之，其字也。撰《周礼辨疑》（佚）、《周礼全书》（佚）。

②据文渊阁《四库全书》本《周礼订义》卷五十七。

学作为理念，对于保护林木的良性循环，具有时代意义和历史意义。

我们同样可以把这种维护或保护山地、林木和物产资源以及其他自然资源的施政行为，定义为“优化自然生态观”的体现。

（二）禽兽、矿产的管理

“山虞”“林衡”“山师”都是执法管理和保护山地、山地的林木、山地的植物、动物（禽兽）等物产、物类的职官。在他们的工作中，对禽兽的“利害”界定过程是重点。“山师”的“辨其物与其利害”，其中的动物对人类的“利害”是主要指向。禽兽既可以给人类带来“利”，也可以给人类带来“害”，因此，禽兽也就进入了《周礼》的礼法视野。

以下就《周礼》禽兽、矿产的管理与保护做必要的考察。《周礼·地官·司徒》载：

> 迹人，中士四人，下士八人，史二人，徒四十人。①

“迹人”就是熟知禽兽形迹之人的意思，郑玄注：“迹之言迹，知禽兽处。”②引申言之，“迹人”就是熟知禽兽生存习性的人，所以，“迹人”又是掌管管理禽兽等野生动物法规的职官。“迹人”是这一职权中的长官，其下属五十四人，中四十人为“徒役”，是一个系统的管理团队。他们的职责、权限和意义等，在《周礼·地官·迹人》中有如下具体记载：

> 迹人掌邦田之地政，为之厉禁而守之。凡田猎者，受令焉。禁麛卵者与其毒矢射者。③

“迹人”掌管邦国田猎之地的地政④，遵循着严厉的禁令并予守护

①②据《十三经注疏》本《周礼注疏》卷九（中华书局，1980年影印本，第700页）。

③据《十三经注疏》本《周礼注疏》卷十六（中华书局，1980年影印本，第748页）。

④明王应电《周礼传·地官·迹人》解释“掌邦田之地政为之厉禁而守之”曰：“山泽之中，有善水草之处。山无沟，水无围，不可以耕稼，因用为邦国时田之地。盖即薮牧长蕃鸟兽者。”（据文渊阁《四库全书》本卷二下）

之。凡有畋猎者，要按政令指定的地点和时间从事之。禁射杀和损毁幼鹿、鸟卵，禁止用毒箭射杀猎物。

据上文可知：一、西周时期的畋猎有着严格的时间、地域限制，即要在指定的地方和时间狩猎；二、严禁伤害或影响禽兽的繁衍；三、严禁使用有毒的狩猎工具。《礼记》中有着近同的记载，和《周礼》所载是一种文化的延伸和传递。《礼记·月令》载曰：

> 孟春之月……乃修祭典，命祀山、林、川、泽。牺牲毋用牝，禁止伐木，毋覆巢，毋杀孩虫、胎、夭、飞鸟，毋麛，毋卵……[①]

这里有一个季节概念，即“孟春”，在这个季节里举行祭祀活动所用牺牲不能是“牝”，即雌性，因为，雌性动物有可能怀孕。不允许猎杀幼虫、胎孕之兽、幼小的麋类、幼鸟，不允许猎杀幼小的鹿子和伤坏鸟卵等等，都是为“遂其生育之性”[②]。这个季节是阳气上长之时，是生物繁衍的季节。《淮南子·时则》有相近的记载，其文曰：“孟春之月……立春之日……毋覆巢、杀胎、夭，毋麛，毋卵。”汉高诱注：“胎，兽胎，怀妊未育者也。麋子曰夭，鹿子曰麛，卵，未毃者，皆禁。民不得取蕃庶物也。”[③]《礼记》《淮南子》是传承《周礼》文化，记载的也是《周礼》时代的文化观念。可见，《周礼》时代已经形成了严格的动物保护法规，这个时代不是以人类为中心的“人类中心论”时代，重视的是合理地使用大自然中的物产，人与其他物质、生灵平衡相处[④]，而不是随意戕害。

动物是自然生态中的重要成员，在《周礼》时代从法规上保证了动物与人类的平衡相处。除了动物之外，其他自然物质也是有管理地

---

①据《十三经注疏》本《礼记正义》卷十四（中华书局，1980年影印本，第1357页）

②宋张虙《月令解》卷一（据文渊阁《四库全书》本）。

③据中华书局1954年影印的世界书局版《诸子集成》本第七册《淮南子》卷五，第70页。

④“平衡相处”不等于“平等相处”。

使用，矿物资源就是《周礼》时代人类的保护对象。《周礼·地官·司徒》载：

> 卝人[①]，中士二人，下士四人，府二人，史二人，胥四人，徒四十人。[②]

此载“卝人”者，合“徒役”凡五十四人。他们的职责是管理国家的矿产资源。据此所载至少可以肯定，西周初年，已经有了采矿之业，而且也有了矿业管理法规。《周礼·地官·卝人》载：

> 卝人掌金、玉、锡、石之地，而为之厉禁，以守之。若以时取之，则物其地，图而授之，巡其禁令。[③]

据上所载，“卝人”及其从属，要有以下职权：一、是专门监管矿产资源的职官；二、矿产资源监管已经形成了制度或法规；三、有专为采矿的执业者；四、采矿要遵守规定的时间和地点（即不得乱采乱挖）；五、《周礼》时代已经有了“地矿图”，并由“卝人”掌管；六、执业者采矿，要在“卝人”及其从属的严厉监管下遵守法规。

根据《周礼·卝人》的记载，我们做以上结论。《周礼》此载的“金、玉、锡、石”，现代考古遗址可以证实其说为真：第一，史前遗址出土的大量玉器或玉石，如良渚文化遗址、红山文化遗址、花厅文化遗址、石峁文化遗址等等，到西周初年，玉石的开采形成规模而建立制度是可以想见的；第二，冶炼之术在新石器早期已经产生，大抵可信。《史记·武帝本纪》：“黄帝采首山铜，铸鼎于荆山下。”（卷十二）《封禅书》也有相同的记载。根据史前考古遗址的发现，新石器时代出土了冶炼铜的遗存，如甘肃张掖的黑水国一处史前文化遗址的考古发掘，发现距今4000多年前的冶炼遗迹。江西九江荞麦岭遗址，考古发掘出土与青铜冶炼有关的重要遗存，推断为夏代（也可以视为“史前”）到西周初年，形

---

①“卝”同“矿”。郑玄注：“卝之言矿也，金玉未成器曰矿。”（《周礼注疏》，第700页）

②据《十三经注疏》本《周礼注疏》卷九（中华书局，1980年影印本，第700页）。

③据《十三经注疏》本《周礼注疏》卷十六（中华书局，1980年影印本，第748页）。

成并建立采矿的制度与法规，是符合历史发展进程的。

在《周礼》时代有法规和律度的管制。宋王昭禹《周礼详解》论之曰：

> ……金玉锡石之地，皆有掌焉，其官谓之丱人……金玉锡石之地，立官以掌，以非权之也，特取其有公私之别焉耳。若以时取之则物其地者，因其见禁而物之也；图而授之，则使之按图而取之也。盖天之财，地之利，盛衰消息，不能常齐。凡以天所化，地所育，化育之事，不能常均故也。然则，以时取之者，以适其盛衰消息之时而已，故使之日出而不穷，所谓"六府孔修"，节用水、火、金、木、土，概见于此矣……[①]

《周礼》时代地矿制度的法规是为了更好地利用地下资源，至少在西周初年，先民已经认识到资源的消长非人的意愿所能控制，如果没有相应的法规和管理是不行的。诚如王昭禹所言："天之财，地之利，盛衰消息，不能常齐。凡以天所化，地所育，化育之事，不能常均故也。然则，以时取之者，以适其盛衰消息之时而已，故使之日出而不穷，所谓'六府孔修'。"

从以上考察可以确知：

第一，先民对自然界的动物不是一味猎杀，而是以法规或制度的形式保持人和动物的平衡相处。尤其是对待幼小的禽兽或发情、受孕期的禽兽，在法规上给予生存和繁衍的保证，人性至善，由此可见。

第二，先民利用自然地矿资源是从原始社会开始的，从史前考古遗址中出土的大量石器、玉器都可以成为有力的证明。虽然到今天为止，尚未见史前遗址出土金属之器，但史前遗址中的冶炼残存，大抵可以说明史前金属之器已经产生了。商周时期，是玉器、青铜器（金）盛行的时代，合理开发地矿资源是《周礼》时代法规化的重要缘由。

---

①据文渊阁《四库全书》本卷十六。

我们可以把这种维护或保护禽兽、地产资源的施政行为定义为“优化自然生态观”的体现。

《周礼·天官·太宰》记载，西周初年人类群体在社会中的分工称为“九职”，其中有五种职事都与“优化自然生态”有关，其文曰：

以九职任万民，一曰三农生九谷，二曰园圃毓草木，三曰虞衡作山泽之材，四曰薮牧养蕃鸟兽，五曰百工饬化八材，六曰商贾阜通货贿，七曰嫔妇化治丝枲，八曰臣妾聚敛疏材，九曰闲民无常职，转移执事。[①]

首先应该肯定，这种社会分工是以人类的生存为前提，但以法规或制度作为保障的有序化分工是文明的标志。前五项分工中，有序化的劳作本身，客观上对“优化自然生态”是有积极意义的。其中“一曰三农生九谷”，与农业生产有直接关系；“二曰园圃毓草木”，与园林管理有直接关系；“三曰虞衡作山泽之材，四曰薮牧养蕃鸟兽，五曰百工饬化八材”，与本章考察的内容也都具有深层的关联。

《周礼》作为中国历史上一部制度文化文献，能成为农耕社会治国的经典而历三千年不衰，就在于它在很多方面都传承了中华生态文明的思想智慧，其中关于对山水、林木、矿产和野生动物的保护思想，是一种“优化自然生态观”，对当今中国的现代化建设仍具重要的参考价值！

①据《十三经注疏》本《周礼注疏》卷二（中华书局，1980年影印本，第647页）。

参考文献

[1] 王弼注，孔颖达正义. 十三经注疏：周易正义[M]. 影印本. 北京：中华书局，1980.

[2] 李鼎祚. 四库全书：周易集解[M]. 1780（乾隆四十五年）.

[3] 刘牧易. 四库全书：易数钩隐图[M]. 1779（乾隆四十四年）.

[4] 吴鼎，梁锡玙. 四库全书：御纂周易述义[M]. 1779（乾隆四十四年）.

[5] 郭雍. 四库全书：郭氏传家易说[M]. 1780（乾隆四十五年）.

[6] 方闻一. 四库全书：大易粹言[M]. 1780（乾隆四十五年）.

[7] 张栻. 四库全书：南轩易说[M]. 1781（乾隆四十六年）.

[8] 郑玄注，贾公彦疏. 十三经注疏：周礼注疏[M]. 影印本. 北京：中华书局，1980.

[9] 王安石. 四库全书：周官新义[M]. 1781（乾隆四十六）.

[10] 王与之. 四库全书：周礼订义[M]. 1781（乾隆四十六年）.

[11] 郑伯谦. 四库全书：太平经国书[M]. 1781（乾隆四十六年）.

[12] 王昭禹. 四库全书：周礼详解[M]. 1781（乾隆四十六年）.

[13] 郑玄注，贾公彦疏. 十三经注疏：仪礼注疏[M]. 影印本. 北京：中华书局，1980.

[14] 郑玄注，孔颖达正义. 十三经注疏：礼记正义[M]. 影印本. 北京：中华书局，1980.

[15] 孔安国注，孔颖达正义. 十三经注疏：尚书正义[M]. 影印本. 北京：中华书局，1980.

[16] 杜预注，孔颖达正义. 十三经注疏：春秋左传注疏[M]. 影印本. 北京：中华书局，1980.

[17] 司马迁. 二十五史：史记[M]. 影印本. 上海：上海古籍出版社，上海书店，1986.

索　　引

此索引分列为：一、书名，二、人的称谓，三、史前神祇、氏族称谓，四、天文历法与气象专名，五、职事、职官专名，六、地理学与生态学专名六类。

一、书名

二、人的称谓

三、史前神祇、氏族称谓

四、天文历法与气象专名

五、职事、职官专名

六、地理学与生态学专名